時间深處的背影

走近新余历史文化名人

何立文 著

江西人民出版社
Jiangxi People's Publishing House
全国百佳出版社

图书在版编目(CIP)数据

时间深处的背影：走近新余历史文化名人 / 何立文著. -- 南昌：江西人民出版社, 2015.12

ISBN 978-7-210-08129-6

Ⅰ. ①时… Ⅱ. ①何… Ⅲ. ①历史人物-生平事迹-新余市 Ⅳ. ①K820.856.3

中国版本图书馆 CIP 数据核字(2015)第 303388 号

时间深处的背影：走近新余历史文化名人

作　　者：何立文

书名题写：谢部生

责任编辑：吴艺文

封面设计：章　雷

出　　版：江西人民出版社

发　　行：各地新华书店

地　　址：江西省南昌市三经路 47 号附 1 号(邮编：330006)

编辑部电话：0791—86898470

发行部电话：0791—86898893

网　　址：www.jxpph.com

2015 年 12 月第 1 版　2015 年 12 月第 1 次印刷

开　　本：787 毫米 × 1092 毫米　1/16

印　　张：12.75

字　　数：180 千

ISBN 978-7-210-08129-6

赣版权登字—01—2015—908

定　　价：24.80 元

承 印 厂：新余日报社印刷厂

补一补我们的地方性知识

易晖

读到立文兄的这部书稿，我不禁想起一件“趣事”。几个月前，我去拜访一位治文史的长者，寒暄过后，他送我一册新作——《汉晋春秋通释》。读过一些史书的我对《汉晋春秋》略晓一二，知道这是东晋著名学者习凿齿所著，而且习凿齿还和这位长者一样，都是湖北襄阳人。于是我随口说道：“您这是在为自己的乡贤作传啊。”不想他笑答：“你讲得没错，可说不定他也是你的乡贤呢。”这话听得我一头雾水。长者见我不解，便继续说：“习凿齿是襄阳人不假，《晋书》上说他生于斯死于斯，但还有一种说法，习凿齿晚年为了躲避战乱，一路流落到你们新余，并终老于此，新余至今还有习凿齿墓呢。据说国内很多习氏家族都是从你们新余迁出，散布各地。这种说法虽不载于正史，但明代以后许多的地方志以及一些习氏家谱都有记载。据说你们新余的习氏家族每年的祭祖活动搞得非常热闹。”

这次见面之后，我特意向一位在新余老家的习姓同学求证，他证实了那位长者的说法，告诉我，新余的习姓人都视自己为习凿齿的后人，欧里镇的白梅村相传就是习凿齿当年的隐居、办学之地，如今是个有四五千人口的大村，村民全姓习，而邻近的分宜县枣木山就有其墓地，每年清明时节，远近的习姓人纷纷前来拜祭这位先祖，几达万人之多。

这件事让我对故乡有了另一种认识。以前我以为自己对新余大体是熟悉的，我在那里出生，在那里成长，虽然这些年漂在外头，却始终是“虽不能至，心向往之”。诗人杨炼说过，“回不去的时候，才回到故乡”，而我同样也觉得，新余，并不因为远离而在我的生活中缺场，而是如另一位诗人顾城所说，就像看天边的云，物远而心近。

但我对她真的是那么近且熟吗？对她的山川风貌、历史地理、人文风情我究竟了解多少呢？我当然走过一些山川村镇，但它们与我后来去过的南国地方，又有多大的不同？我也曾从长辈、邻人那里听来许多传说、掌故，但那不过是陪伴或填充我少年时光的材料，早已沉入记忆海洋的深处。我算是个读书人，自晓事以来，读书便是生活中的一大内容，我读国家的书、世界的书，如果说还能忝列知识分子的话，那也只能是懂得一些国家知识、世界知识的知识分子，却不能说是关于家乡、关于我们的地方性知识的知识分子，这对于一个生于斯、长于斯的“地方文化的持有者”来说，难道不是件令人汗颜的事吗？我是什么时候失去了这一“文化持有者的内部眼界”的呢？

抱着“补课”的愿望，我打开了立文兄的书稿。书中林林总总描绘了十多位新余籍或在新余留下人生足迹、文化贡献的历史名人，许多是我不知道，或只是知道一个名字。从魏晋时期的刁凿齿，到现代美术大师傅抱石，时间跨越一千多年，堪称一部小型的新余文化史。

由于年代久远，资料散佚，虽经作者多方爬梳钩沉，也不可能有太多的材料供裁剪、铺陈，所以书中人物大多是以一种片段的、肖像的方式呈现在我们面前，真正如书名所云，是一个个“时间深处的背影”。饶是如此，这些历史人物也是携带着他们所处的时代和环境的丰富信息，活生生地走出了“时间深处”。我想，一方面是因为这些先贤都是有历史、有故事、有灵魂的人，其伟大动人之处逾千年而不洇、不朽；同时也得益于立文沉潜史料的冷板凳精神和追魂夺魄的生花妙笔。书中每篇虽不过三五千字，但传主的材料往往散播于浩如烟海的史书典籍、文人撰述乃至于方志、家谱、传说之中，须作者广搜遍览，集腋成裘，方能构建起鲜活的形象，其间的艰苦，我等亦以文字为业者可以想见。而立文又是散文行家，他深得中国传统散文笔法之妙谛，如《史记》写人则悲天悯人、形神兼备，记事则追根求源，详因略果的史传传统，《世说新语》从言谈、轶闻中见风骨、风流的美学风范，把它们有效地运用到行文当中。更为重要的是，全书还洋溢着现代散文的人性意识、主体意识，使得作者与传主之间达成一种充分的交流、对话。这是一种双向的精神运动，一方面是作者在写作中走入历史，走进历史人物的心灵世界，悉心揣摩、描摹人物在其所处环境的思想言行，另一方面又能在人性高度上对人物进行现代意义上的品藻、感怀、审视乃至批判，大胆表达作者独立的主体性的理解和阐释。譬如对严嵩的描绘，立文截取其暮年由盛转衰的一段，既共时性地把握这一人物所处的复杂的人际、人伦关系(君臣、同僚、上下、父子、主奴等)，又历时性地追踪其身世、历程和彼时的处境，尽力还原一个真实、多面的严嵩：既战战兢兢，如履薄冰，在皇帝面前俯首帖耳，尽心事奉，又把持朝政，将国家命运和他人生死玩于股掌；既工于心计，手段狠辣，对政敌毫不留情，又有着舔犊护短之情，乃至于在穷途末路之际尽显寻常老叟的疲态和失落感。可以说，对历史人物不神化，亦不丑化，既贴着人事叙写，又能以我观人，以人性对人性，于寻常心、平凡处发掘其超凡的性格因素、人格魅力，捕捉能使其载入史册的内外动力，是这部人物小传贯彻通篇的一大宗旨。

阅读全书，内心盘桓着一个问题，这些跨越不同朝代的新余名人(撇开那些由于各种因缘际会而留居新余的名人不算)，能否从中发掘出某种既属于先贤，也传承到我们每一个新余人身上的地方性精神，或所谓“文化的深层结构”？当然，系统研究这种“文化深层结构”是文化人类学家、社会学家的课题，我这里只想在阅读这部书稿的基础上，以一个新余人的视角，谈一点零散而感性的看法，以求教于方家。

首先，我以为新余人(哪怕是名垂青史的大人物)身上多有一种“草根性”，它贯穿于生命始终，挥之难去。其实这一点也不难理解，新余历来只是陬处赣西山区的荆蛮小地，即便在江西文化辉煌一时的宋明时代，新余也是边缘，这里不出簪缨士族、耆儒巨子。那些寒门书生，肚子里装着经年苦读学来的辅君济世的本领，如果不想做一个老死乡里的冬烘先生，就只有惴惴然走出去，融入文化主流，投身官场或各种人生竞技场，而嗣后的辉煌并不能消除弱冠少年、乡野小民时的困窘、弱势，而积淀为人生经验，烙在记忆深处。这种“草根性”对心性的影响，往好里说，使人发愤图进、勤谨藏拙，人生道路不出大格；往差里说，往往守成有余，开拓不足，难有大视野、大格局、大气象。比如我们看到江西第一个状元卢肇，高中还乡、意得志满之际，却在大庭广众之下赋诗羞辱当年怠慢过自己的地方官。究其原因，我以为正是这种“草根性”，使其不能摆脱困窘时的“创伤情结”。

其二是执著。因为草根，人生若要有所图，便只有靠后天的自我修炼，而持之以恒的执著信念不可或缺。但这也是一把双刃剑，执著往往使自己的人生态度变得僵硬，少变通，难以畅达，尤其是掺入创伤性的草根意识，就容易变成一种执念，不能跳脱出来，从更阔达高远的境界审视和圆满人生。这方面严嵩堪为典型。当朝二十年，他对嘉靖皇帝尽心事奉，处处窥伺帝意，唯马首是瞻，又陷入政敌之间的明争暗斗，排除异己，一日不懈，其揽权贪贿的执念使自己终遭祸患，以致“老病，寄食墓舍以死”。

其三，新余名人往往也都是些性情中人，乃至于身上携带着异于常人的奇癖。出身僻壤草根，凭借天分和发愤忝列成功人士，在志业精进、声誉日隆中，源自少年或草莽时的情性，并不随成就、地位或学养修为而消失，而是瑜瑕互见，构成奇妙的组合。国画大师傅抱石可谓我们新余的至情男子，他一生对妻子、儿女、朋友都葆有浓烈情感，甚至在抗战中亦对其日本老师也情不稍改，颇有些不识时务。抱石还一生嗜酒，他的许多泼墨山水往往是醉后所作，还特意制作了一方“往往醉后”的闲章。酒入豪肠，胸中酝酿着绘画的情思和气概，可以说在一定程度上成就了他的艺术，但酒也是损害他的健康，造成他盛年而逝的一大元凶，这不能不说是一大遗憾。

我并不是说上述特点为新余名人所独有、共有，而是想说，从我们新余的山水民情中走出的先贤名望，总是会携带着这一片土地的精神密码，值得后人总结、传扬、继承和反思。是为序。

2015年9月写于北京海淀清河

（作者系中国现代文学馆编审、北京大学文学博士）

目录

独立特行的爱国者——习凿齿

人居一世间，忽若风吹尘。

东晋皇室兴高采烈地庆祝淝水之战大获全胜之时，没有忘记避居赣西山峦中的才子习凿齿。朝廷征召令送达青翠满目、书声朗朗的半山学舍时，昔日意气风发、挥斥方遒的习凿齿已是一位须发皆白的垂暮老者了。

战火纷飞、民生凋敝之际，习凿齿领着家人背井离乡，一路颠簸，在江西新余一个名叫白梅的村子安顿下来。豪气干云的桓温十年前已经魂归黄泉，一代枭雄苻坚亦成了败军之将，狼狈北逃，最终死于羌人姚苌手下。回首一生，一切皆如过眼云烟。

一

半山学舍柴门之前，浓荫蔽地，手执一卷经书的习凿齿沉浸在如烟往事中。他可能还在为当初的选择惊诧不已，感慨万分：为什么将前半生奉献给那个“眼如紫石棱，须作猬毛磔”的奇伟男人桓温？想当初，一个不容置疑的事实是，在桓温帐下，年轻的习凿齿如鱼得水，成为桓刺史的得力助手，像一颗品位纯正的上等玉石，散发缕缕温润的幽光。

习凿齿当然清楚地记得，十八岁那年投奔桓温时的情景。

当时的荆州刺史桓温执掌一方军政，声望与日俱增，门下人才云集，且不乏世家子弟、官宦之后，是一颗标准的璀璨的政治明星。孙盛、谢奕、赫隆等名士跟随桓温左右，游赏荆楚山水，推杯换盏，吟诗作赋，清冽的丝竹管弦游走在绿树红花之间，笑语喧哗，惊飞树叶间隐藏的鸟雀。后来，谢安、伏滔、郗超、王珣、顾恺之亦相继来到荆州。这个堪称豪华阵容的智囊团队中，来自襄阳的青年才俊习凿齿思维敏捷、口齿伶俐，给桓温留下极其深刻的第一印象。有桓温的赏识，短短四年，习凿齿便升任荆州别驾(巡视辖区时跟随主官身后，享受专车待遇)，到达功名与事业的顶峰。才华横溢、年少成名的习凿齿也没有让桓刺史大人失望，在追随他的岁月里，无论西伐成汉，还是北伐前秦前燕，随军进发他献计献策；留守荆州，他灵活处理纷杂公务，书房里的烛光经常亮到三更；往来公文条理清晰逻辑严密，上下左右无不称赞有加。文人名士沉溺玄学清谈，幻灭感如鬼火丛生的年代，习凿齿用他的实干精神为桓温支撑起一片温暖的天空。桓温从此视他为左膀右臂，自然看重一等。

时间之轮往后拨几圈。假如桓温能够抑制自己的权力膨胀之欲，缩回伸向司马氏皇室的黑手，重情重义的习凿齿完全有可能终生追随他左右。只是历史没有假设，机敏的习凿齿还是在一些看似平常的细节中觉察到桓温废帝自立的狼子野心。

桓温像

345年，西伐蜀地，剿灭成汉政权时，桓温特意从益州请来一位通晓天文的术士。某日，酒足饭饱之余，一干人在军营里散步聊天。月光朗照大地，万物肃立，镀上一层薄薄银辉。左右簇拥，桓温走了两步，突然拉着术士的手询问国家未来运势。突如其来的问题使术士脑神经出现短路，他一脸茫然。桓温咄咄逼人的气势一波接一波地翻卷过来。他低头思忖片刻，缓缓回答说："国运正长。"桓

习凿齿陵园

温见他欲言又止，顾虑重重的样子，心想他或许有难言之隐，便说："如果真像先生刚才说的，那就不是我桓某人一个人的福祉，乃是天下百姓苍生的幸事。不过先生今天一定要知无不言，就是小小的厄运也不要回避。"可惜桓温并未得到臆想中的回答，术士接着说："在下近日夜观天象，发现太微、紫微、文昌三宫气候如此，起码五十年内国无忧虑。"

人生有几个五十年呢？五十年，桓温早就作古了！桓温黑沉着脸，丢下众人，一语不发地走了。

第二天，桓温派人给这位前途未卜的术士送来一匹布、五千文钱。术士不明就里，惶恐不安地问，刺史大人可曾留下什么话。来人摇头离去。术士心里一沉，失魂落魄地瘫坐在地上。打听到博学多闻的习凿齿正在军中，他急忙跑过去求助。他向习凿齿哭诉道："我老家远在益州，前几日接到桓将军的命令日夜兼程赶到这里，如今刺史大人送我白布，不知何意，此次恐怕死无葬身之地。我知道您一向待人仁厚，我死后请您为我买副棺材，立个墓碑吧。"见习凿齿莫名其妙，术士便将事情经过细细讲了一遍，说："您看，将军送我一匹布，不是要我自缢吗，再送我五千文钱，不是要我买棺木吗？"习凿齿暗想：卜算国家运势显然是为日后夺取政权制造舆论，桓温的篡逆之心已初露端倪。术士未能顺着他的心意点题，恐怕真是凶多吉少。习凿齿沉吟片刻，呵呵一笑说："你啊，差点误死了。自古以来就没听说过星宿之说不灵要负责的，更没有因此丧命的。桓将军送你绢布是和你开玩笑，那五千文钱是赏给你的路费，意思是打发你回去。”术士听他这样一说，立即破涕为笑，第二天便向桓温辞别。桓温惊疑地问他为什么要走，术士便用习凿齿的话作为回答。桓温抚须大笑，说：“习凿齿担心你误死，你却误活了，看来你在这条道上白混几十年了，还不如习主簿的一席话管用。”便让术士回家了。

习凿齿逐渐意识到，眼前的主公已非从前那个安于荆州一隅的主公，权力欲望正引诱他一步步滑向那个危机四伏的深渊。平心而论，荆州任职时期，桓温对习凿齿信任有加，许多重大事项决策前一般都会征询他的意见，后者亦以兢兢业业的工作态度回报知遇之恩，两人借此建立了超越主客界限的真挚友谊。在自己的尽力辅佐下，如今，羽翼丰满的桓温不安心为朝廷效劳，却想取代司马氏自立为王，是一如既往地做好参谋，制定计划，安排实施，助其抢班夺权，以换取荣华富贵的前程，还是忠于国家利益，维护大局稳定，远离祸患之源？那段日子里，国家利益与私人情谊从两个相反的方向反复拉扯着习凿齿的心，向左还是向右，习凿齿一遍遍地叩问自己的灵魂。纠结万分，习凿齿最终选择了后者——他不想做留下千秋骂名的历史罪人。

习凿齿画像

那段时日，习凿齿的史学论著《汉晋春秋》即将杀青。此前，每当读到陈寿的《三国志》，便对其以魏为正统的史观不以为然，认为这种荒谬的结论必将贻害后学，他始终认为：当年曹魏政权只是统治了几个州而已，直到武帝受禅立西晋，仍然没有征服东吴，国家没有统一，所以不能单独称为一个朝代。司马氏虽受魏禅，应是继承汉祚，而不应该继魏。蜀汉才是正统。

桓温的心事仿佛一团熊熊燃烧的烈火，时时炙烤着习凿齿。习凿齿决定用手中这册《汉晋春秋》规劝他，期待他那个可怖的计划胎死腹中，只有如此,百姓才有可能免遭战乱的摧残。

写完最后一行字,习凿齿将它呈送给桓温,请他评点。孰料数月已过,桓温竟绝口不提此事,只是继续策划如何北伐,如何动员朝廷迁都洛阳,如何实现建功立业青史留名的伟大理想。习凿齿见状,只好单刀直入:“昔彦威作《汉晋春秋》呈请主公评点,未知如何?”桓温先是一愣,继而大笑道:“似有理,然未必……”他当然明白习凿齿的用意,但废除简文帝,主导国家政权的野心反反复复地冲击他,他的视线里只剩下皇帝的宝座。

随着时间推移,习凿齿明显感觉,作为桓氏集团的重要幕僚之一,自己的作用正在逐渐减弱,明显的证据是:一些重大事情的谋划已经不再通知他了,他成了桓温棋盘上一枚多余的棋子。

别驾任上最后一年发生的一件事,尤使桓温对习凿齿的失望达到顶点。那年夏天,习凿齿奉命前往京都拜见相王司马昱。二人既见,都被对方的气度与才华所吸引,惺惺相惜,相谈甚欢。回来后,桓温即召见习凿齿。向来自视甚高的桓温笑问:“相王这人怎么样?”言下之意是恐怕远不如我桓温吧?然而,习凿齿并未顺着他的心理预期回答,正色道:“我一生都没有见过那样气宇轩昂的人!”桓温立即像一个泄气的皮球,非常失望,觉得眼前这个桀骜不驯的襄阳人远非当年那个忠心耿耿的青年,不如当初那么好驾驭了。两天后,习凿齿贬任衡阳郡太守。

基于对形势的观察和判断,曾经的幕僚谢安、王坦之最终选择支持东晋皇室,和当时许多敢怒不敢言的世家子弟一样,站到桓温的对面。习凿齿却陷入两难境地,数十年交情血融于水,劝说桓温无果,暂时又不想投靠朝廷,他只好选择第三条路——隐退。

欲望无限膨胀,直至顶点时,必将坠入毁灭的深渊。幸运的是,简文帝死后,历史的车轮在那儿获得了一个有效的缓冲——关键时刻谢安等人力挽狂澜,桓温最终未能得逞,带着无限怅恨离世。

二

汉水之滨的故乡曾经多少次闯入自己的梦境,已经在习凿齿的记忆里漫漶不清。

永远不会忘记的一幕是,被战火焚毁的村舍之间的荒芜田地,路上衣衫褴褛、步履踉跄的难民们抢食草根……还有城破之后,与好友释道安一同被押往长安,前秦王苻坚面对他们得意狂笑的情景。那是公元379年,五十一岁的习凿齿做了四十一岁的苻坚的俘虏。

那天风和日丽,苻坚在宏伟的宫殿里设宴款待两位来自襄阳的名人。美酒的醇香被盛装的舞娘们搅动得四散流溢,身披甲胄的前秦将士在酒精的撩拨下,欢庆胜利的呼声一浪高过一浪,像一支支利箭,射入习凿齿千疮百孔的心脏。

没有人知道,失去家园的习凿齿羁押在长安城里,流血的心如何一阵阵抽搐。

马背上的苻坚雄心勃勃,难掩刀锋开路,所向披靡的快意。江南旖旎风光熏陶下的东晋士兵岂是西北彪悍勇猛将士的对手?带着丰饶的战利品回到长安,他深信百万铁骑横扫东晋指日可待。所谓良禽择木而栖,在苻坚看来,这个博学多才、能言善辩的习凿齿归附强大的前秦理所应当,毫无悬念。因为弱肉强食的丛林法则面前,只有懂得审时度势的人才能抓住生存和发展的良机。

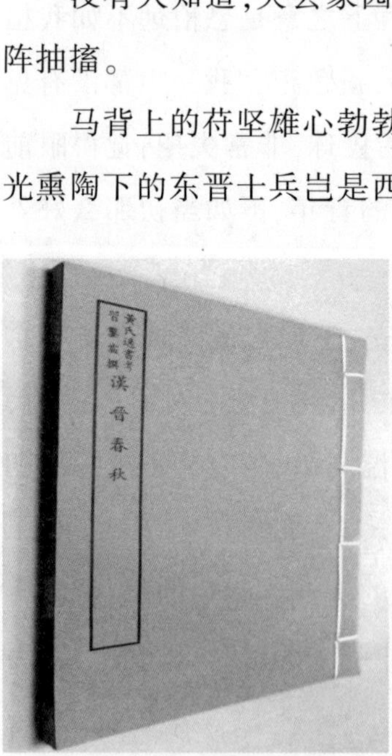
习凿齿著《汉晋春秋》

第二天,苻坚派人送来上等帛三百匹,骏马一百匹,美酒一百坛,貌美如花的侍妾若干,并许诺任命这位桓温得力干将习凿齿为侍中。千金易得,人才难求。苻坚需要他的智慧与谋略,需要他在江南士人中结下的丰富人脉资源,以成就盖世霸业。人在世上皆逃不脱名利二字。高官厚禄唾手可得,只需点头。然而这些丰厚的诱惑习凿齿视如草芥,他揉搓着那条酸痛无比的左腿,婉言谢绝了。

世人不知道,从桓温身边离开那一刻起,名利在习凿齿眼中就如烟云一般缥缈了。名利是什么?名利是当权者手中花花绿绿的糖果,他们用这些糖果招揽那些俯首帖耳的人,高兴时喂你几颗,让你为他博取更多利益;一旦你露出不合作的苗头,他们随时可以收起糖果,显露杀机。名利是一支锋利的毒箭,被它射中的人稍有不慎即丧失起码的理智,从而偏离正确的人生航道,最终陷于身败名裂的凄楚境地。习凿齿坚信,骄横的氐族人苻坚想要消灭东晋一统天下只是一个可怜的幻想。如果被他的赏赐收买,岂不成了民族叛徒、千古罪人?

那日宴饮之时,习凿齿便从苻坚桀骜不驯的眼神中读出其横扫东晋,一统中国的巨大野心,也隐约嗅到一丝骄傲自大必陷败亡的悲哀气息。按照苻坚的思维逻辑,胜利者抢夺过来的人才就像手中的一枚棋子,可以随心所欲地使用,所以他才会很有成就感地对部下宣称:“我苻坚以十万雄狮攻取襄阳,只得到一个半人而已,安公(释道安)一人,习凿齿算半个人。”患有脚疾的习凿齿在他盛气凌人的话语中成了“半个人”。他哪知道,这个一瘸一拐的习凿齿先生压根没有为他效劳,为长安服务的想法,魂牵梦绕的只是偏安一隅的东晋与生养哺育他的襄阳。在他眼中,氐族人苻坚不过是历史舞台上一个觊觎神器、演技拙劣的小丑。

碰了软钉子的苻坚并未灰心,他自信强大的前秦能为习凿齿施展才华提供足够宽裕的空间,更相信时间能够融化他心中的坚冰。他收起之前的霸气,为充分显示其宽广胸怀,第二日便将习凿齿安顿在长安最豪华的宾馆,并委派一队卫兵照顾(相当于软禁)他。一面却与部下紧锣密鼓地制定伐晋方案,幻想百万大军轻取建康之后,将那些才华横溢的江南仕子一一收入囊中。

享受星级服务的习凿齿并未被长安城的繁华俘虏,北方持续的阴雨天气将他的左腿推入疼痛的深潭。时间残忍地吞噬着习凿齿思乡的心。那段日子,不知他经受了多少失眠的痛苦。大约两年后,他上书苻坚曰:病入膏肓,乞归襄阳。在希冀中苦等了两年的苻坚,得到的却是薄薄一纸告别的书信。看来,这个貌似柔弱的江南书生与自己一样怀揣一颗强大的心脏,其坚韧程度甚至超越了自己。当时情形,习凿齿无疑是砧板上的一块肉,苻坚要处置他易如反掌。事情的演变常常出人意料——或许佩服习凿齿的顽强与执著,或许认为处死习凿齿有悖于他的初衷,当笃信佛教的苻坚脱下戎装,来到宾馆,见到须发凌乱、神情憔悴的习凿齿后,不禁长叹一声,只好指派车辆,吩咐士兵将他护送回乡。

在苻坚的导演下,这幕历史剧拐了一个弯。猜想习凿齿被拘长安,因决心已定,两年里是随时准备慷慨赴死的。人的命运总是充满变数,杀人如蚁的苻坚这回刀下留人,不想却为历史贡献了一个晚年隐居乡间,传道授业的半山先生。

三

动荡不安的社会环境容易引发"人生无常"的悲观,很多人在迷惘之下,对人生的本质与价值产生一团又一团怀疑。和当时许多擅长清谈和玄学的名士一样,域外传入的佛学思想仿佛原野上空拂过的一阵清风,吹散了僵化的儒学教义,为习凿齿打开了一个无限开阔的未知世界。

青年时期的习凿齿追随桓温左右,为其事业可谓忠心耿耿,竭尽所能。但是,桓温晚期独揽朝政,欲行篡位,又不听习凿齿劝阻,令他万分失望,另外,他的率性直言也渐渐惹恼了桓温,最后桓温将他的官职一再调任,不再像当初一般重用他了。失去用武之地的习凿齿只能对着那一大堆灰尘满面、倡导经世致用的儒家经典怅然叹息。

就在习凿齿怅恨英雄无用武之地的时候,公元365年,著名佛教学者道安法师率领僧众来到襄阳,并且一住就是十五年。习凿齿不仅是博学之

习凿齿故里白梅村

士，更是好学之人，早年跟随桓温时，对佛教经文就有浓郁的兴趣，与人清谈常常引经据典，妙语连珠。对道安法师，习凿齿亦早有耳闻，心生崇拜。可以毫不夸张地说，道安法师的到来像一杯甘霖一样，滋润了习凿齿干涸的心田。从当时习凿齿致道安的书信中也可见他对法师的崇敬，"……此方诸僧，咸有倾想，目欣金色之瑞，耳迟无上之箴。老幼等愿，道俗同怀，系咏之性，非常言也。"非但如此，后来向好友谢安推荐道安法师时，习凿齿也不吝赞美之词："……来此见道安，故是远胜非常道士，师徒数百，斋讲不倦。无变化技术可以惑常人之耳目，无重大威势可以整群小之参差，而师徒肃肃，自相尊敬，洋洋济济，乃是吾由来未所见。"

作为一种源自域外的宗教信仰，想要在中土传播并发展信众，势必倚靠当地政权。习凿齿是襄阳人且世代为荆楚豪族，那时他可能失宠于桓温，但名望还在，所以道安在襄阳弘扬佛法，一定得到了习凿齿的鼎力支持。这十五年中，两人交往密切，经常在一起品茗论禅，甚为投机。无须为烦琐的公务殚精竭虑，可以整日坐在茶桌边参悟佛理玄机，源源不断的新知识充实着习凿齿的大脑，澄明之境仿佛咫尺天涯却又越来越近。习凿齿醉心于这种捉迷藏似的微妙感觉。这十五年，在习凿齿的一生中留下了浓墨重彩的一笔。如果没有后来襄阳城破两人俱被苻坚俘获押送长安的变故，如果道安不是选择居留长安而是跟随习凿齿南下回襄阳，佛教史上再添一个得道高僧不是没有可能。

好不容易在苻坚的魔掌下逃脱的习凿齿,一路上目睹战争给劳苦百姓带来的灾难,内心的痛苦难以描述。自己没有能力解救百姓于水火,人生的价值和意义到底在哪儿?追问不到结果,与世无争的佛学思想自然而然地生发了。为什么习凿齿人生最后阶段甘愿隐居乡野?试想一下,恐怕不能排除般若学"本无宗"代表道安法师的潜移默化吧?

四

曾经三次北伐,希冀建立盖世功勋,却慨叹"既不能流芳后世,不足复遗臭万载邪!"的桓温已成黄泉之下的枯骨,环绕其四周的幕僚集团亦随之土崩瓦解,唯剩荆楚山河记录着他们吟诗作赋、清议玄佛的吉光片羽。曾经雄踞北方,试图一统华夏的前秦国主苻坚,淝水一战兵败后元气大伤而一蹶不振,后反被部将俘杀,江山易主,前秦的版图已经成为历史。习凿齿的前半生裹挟在这些时代巨变之中,跟随那些弄潮儿起伏浮沉,可谓遍尝世间百味。如果将他的一生比作一条河,那么,剧烈的腾挪跌宕之后,便是舒缓的润物无声了。从长安返回襄阳后,天命之年的习凿齿开始谋划人生的后半段该怎么度过了。

不清楚习凿齿离开襄阳南下的具体原因。一个五十余岁的老人本可以安居故土颐养天年,假如时局稳定,天下太平。兴许那时襄阳尚为苻坚控制,习凿齿担心苻坚的马蹄随时会敲响襄阳的街面,一切皆处身外,功名利禄都是幻影,他只想找一方僻静优雅之地安度余生?还是习凿齿已对物是人非的襄阳,对自己跌宕起伏的前半生已经厌倦,想要开始一种全新的晚年生活?总之,习凿齿携带家人沿汉水南下,像一只候鸟,一路找寻着一块可以栖息的理想之地。

南下的路线已经湮没于历史的暗角,只能在斑驳的中国地图上做一些猜想。从襄阳出发,沿汉水乘舟南行,过钟祥、仙桃,转入长江南下,经武汉、黄石到江西九江，后继续往南，过南昌再沿锦江西行至万载。这是一条弯弯曲曲的水路，长途跋涉，艰难困顿；如果水陆兼程，困难无疑加倍，因为湖北、湖南、江西三省交界处皆为崇山峻岭。据方志及白梅习氏族谱记载，习凿齿先在万载书堂山落脚，并开馆授徒，将毕生所学传于四方学子。过了几年，习凿齿或许认为那儿还不是自己定居的理想之地，又迁徙至新余白梅，终于在此定居并开设“半山学舍”，继续讲授经文，传道解惑。

如血残阳斜照学舍屋顶上的一丛茅草，病入膏肓的习凿齿挣扎着从床上坐起，他知道自己的时间就像这夕阳，越来越短了。他努力地握住笔管，给当今皇上修书一封，为萦绕自己一生的问题作一个总结，这样才能配得上数十年来的呕心沥血。

“臣每谓皇晋宜越魏继汉，不应以魏后为三恪。而身微官卑，无由上达，怀抱愚情，三十余年……愿陛下考寻古义，求经常之表，超然远览，不以臣微贱废其所言……”等待返京复命的特使见许久过去，屋里悄无声息，推门而入，发现案几上墨迹未干的书信，习凿齿脸朝东方，已然离世。

像一束烟花，绚丽绽放之后，复归苍茫大地。

一个人可以选择高官显爵，锦衣玉食风光无限；也可以选择终老乡野，著书立说培育后学。生逢乱世，却能坚忍不拔地将选择的权利紧紧攥在自己手中，拿得起更放得下，习凿齿的一生已经到达收放自如的化境。

一千七百年倏忽而过，行走在白梅村房前屋后，先哲的踪迹早已消融在浩瀚无边的岁月中，如今我们只能在祠堂习氏祖宗牌位上感知这位乱世奇士睿智的目光、满腹的经纶以及繁华过后见真醇的娴静与达观。

延伸阅读

习凿齿：生于晋成帝咸和三年(328)，卒于义熙九年(413)。字彦威，号半山，襄阳人，东晋著名史学家、文学家，魏晋精神的重要代表人物，世代为荆楚豪族，主要著作有《汉晋春秋》《襄阳耆旧记》《习凿齿集》等，其中《襄阳耆旧记》是有影响的人物志之一。习凿齿少有志气，且博学多闻，以能文著称。最初任东晋大将、荆州刺史桓温的别驾，位列参佐之首。桓温北伐时，随从参与机要。桓温任大司马后，图谋篡夺帝位，习凿齿著《汉晋春秋》劝阻他。后因忤桓温，迁为荥阳太守，不久辞职归乡。晚年为避前秦国主苻坚逼其所用，偕妻室子女从湖北襄阳长途跋涉至南方，先是隐居于江西万载书堂山，后举家迁居江西新余白梅村，粗茶淡饭，一边躬耕田园，一边著书立说、兴办教育。"淝水之战"后，晋朝廷曾征召习凿齿修辑国史，未就而卒。

桓温：字元子，谯国龙亢（今安徽省怀远县西龙亢镇）人，相貌温伟，有奇骨，面有七星，刘惔称他"眼如紫石棱，须作猥毛磔"。幼年丧父，少年结交名流，与刘惔、殷浩齐名。后与庾翼相交，受庾翼推荐，娶晋明帝之女南康长公主为妻，并担任琅琊内史，历任徐州刺史、荆州刺史、江州刺史、扬州刺史、征西将军、都督天下诸军事、大司马等职。公元 347 年（永和三年）攻灭成汉，收复蜀地，后三次北伐，战功累累，威名赫赫。公元 361 年至公元 373 年（海西公、简文帝、孝武帝期间）独揽朝政，欲行篡位之事，后考虑各方利益而没有发难，忧愤而死。

苻坚：字永固，又字文玉，氐族，略阳临渭（今甘肃秦安）人，十六国时期前秦的君主，公元 357—385 年在位。苻坚在位前期励精图治，重用汉人王猛，推行一系列政策与民休息，加强生产，终令国家强盛，接着以军事力量消灭北方多个独立政权，成功统一北方，并攻占了东晋领有的蜀地，与东晋南北对峙。383 年，他发动战争意图消灭东晋，史称"淝水之战"，但最终前秦大败给东晋谢安、谢玄领导的北府兵，国家陷入混乱，各民族纷纷叛变独立，苻坚也遭羌人姚苌杀害，终年 48 岁。历史学家范文澜认为，"苻坚在皇帝群中是个优秀的皇帝"；著名作家柏杨说："在中国数千年历史上，有资格称得上大帝的不过五人，他们是秦始皇、汉武帝、前秦王苻坚、唐太宗李世民和康熙。"

道安法师：南北朝时期的高僧，翻译家。本姓卫，常山抚柳（河北冀州）人。十二岁出家，受"具足戒"（僧侣的最高戒律）后，二十四岁至业城（河南临彰县)，成为佛图澄的弟子。佛图澄死后，道安因避战乱，颠沛流离于冀、晋、豫一带，后在襄阳、长安等地总结了汉代以来流行的佛教学说，整理了新译旧译的经典，编纂目录，确立戒规，主张僧侣以“释”(释迦牟尼)为姓。相传道安来到襄阳，习凿齿前去拜访。宾主坐定后，习凿齿自称：“四海习凿齿。”道安回道：“弥天释道安。”这段对话称颂一时。道安在襄樊、沔州一带住了15年，每年都多次讲说《放光波若经》，从没有过废缺。东晋孝武帝非常钦佩道安的德行，派使者前往问候，并下诏书，嘉奖道安的学识功绩，道德风范。

汉晋春秋：东晋习凿齿撰，五十四卷，一作四十七卷(见《隋·志》)。该书记述起自东汉光武帝，止于西晋愍帝二百八十一年间历史，史料价值较高。其中记载三国史事部分是以蜀汉政权为正统，有别于后来史籍如北宋司马光的《资治通鉴》以曹魏政权承接汉朝政权正统地位。清代汤球将《汉晋春秋》辑录于其《广雅书局丛书》之中。

寂寞状元郎——卢肇

一

脑袋里总是闪现一幅这样的画面：落日余晖斜照静穆的屋顶，年届花甲的卢肇致仕还乡后，坐在分宜杨桥观光一座木槿花香四下游弋的院子里，和前来探访的老友把酒话桑麻。送走客人后，卢肇伴着一盏孤灯，回首自己曲折的一生，不知又要生出几多感慨，吟诵多少情致浓郁的诗篇？

人生永远像一道难解的谜，起起伏伏沟沟坎坎遍布，有时候即便幸运地趟过去了，重新检视和思考，留下来的仍然是一头雾水。

想当初，为了答谢皇帝"赐以紫金鱼袋"的厚爱，卢肇曾当着满朝文武的面亮出心血之作《海潮赋》——这是一个文人报答浩荡皇恩最诚挚最纯洁的方式。文章洋洋洒洒五千余言，详细分析钱塘江潮成因，首次揭示了潮汐与太阳的隐秘关系，丰富了浑天说的理论内涵，不但言辞优美，而且难掩科学的光芒。一时之间，文坛为之轰动，朝廷亦予以嘉奖，认为"……卢肇文学优赡，时辈所推。穷测海潮，出于独见，征引有据，图象甚明，足成一家之言，以怯千载之惑，其赋宜宣付史馆……"按照皇帝旨意，这篇奇文随即被当时的国家图书馆收藏。对于一个文人来说，这无疑是肯定其创作成就的最高褒奖。可以据此设想,卢肇的前途也将随之迎来一丝转机,坐在家中的他正满怀憧憬地等待升迁的文件。可让人迷惑不解的是,仅仅时隔三个月,沉浸在无限荣光里的卢肇却突然被罢官, 回到老家闲住。整个事件的发展仿佛一列欢快直行的火车突然拐了一个大弯;熊熊燃烧的大火冷不防被人兜头浇了一盆冷水。这种心理落差,即便辗转官场几十年的卢肇也始料未及吧?

卢肇像

宜春袁山门外的别墅,后院有一片青翠的树林,一个碧波粼粼的池子。离开烦琐公务的卢肇,或凭窗静坐细读经书,或邀三五好友林中漫步碧波垂钓,尽享这份闲适和自在。然而这一切只是表象。貌似潇洒豁达、优哉游哉的卢肇,内心却早已暗潮汹涌:为什么会这样?皇上的奖励与恩赐,还有朝廷关于《海潮赋》的表彰,至今回旋在耳畔,散发着激励人心的强音。难道这一切只是一道绚丽的幻影?谁能解开这个巨大的谜团?

夜深人静,别墅里的烛光还在跳跃,卢肇清癯的身影淡淡地印在窗纸上。这个谜团晕染在那些暗黄的册页间,留传至今,倏忽已过千年。当时景况已经掩埋在历史的滚滚烟尘之中,无从探究也无法复原,我们只能沿着卢肇曲折坎坷的人生轨迹,搜寻些许蛛丝马迹。

任职歙州之前,卢肇以会昌三年状元身份,寄居京城近四年未得一官半职。一个高居榜首的状元居然被当局闲置起来,卢肇的郁闷可想而知。大约从唐宣宗大中元年(847)起,卢肇先后辗转于鄂岳观察使卢商、太原节度使裴休、江陵节度使卢简求及潼关防御使会纥干臬门下,干了整整十七年幕僚;直至唐僖宗咸通五年(864),才由潼关防御判官升任秘书省著作郎,异常艰难地叩开京城官僚系统的大门,做了一个掌管碑志、祝文和祭文的从五品京官。半年后,转任仓部员外郎,充集贤院学士。紧接着,仅仅做了一年京官的卢肇又外放安徽歙州任刺史。

为什么在权力中心干了区区一年,就外放安徽任职?

结合卢肇的个性分析,我推测有两种可能:一是久在地方任职的卢肇无法融入波谲云诡、复杂微妙的京城官场,加之不愿迎来送往,自然备受冷落与排挤;二是卢肇看不惯京城官场的蝇营狗苟、灯红酒绿,不愿效仿那些庸碌官员的尸位素餐,甘愿到地方做点对老百姓有益的实事。

不论哪种原因,都说明卢肇与当时的官场大环境不合拍,“众人皆浊我独清”的文人意识很强。集体的力量通常是非常强大的,卢肇想要独立于那个体系之外,结果只有被它无情地排除。

遥想当初,家境困窘,历经寒窗苦读(“为业之初,家空四壁,夜无脂烛则热薪。苏醒恨冥顽,亦尝悬刺。”)的卢肇,科举成功之余是多么希望获得一个灿烂美好的前途, 以光耀门庭。但命运偏偏跟他开了一个巨大的玩笑——这位皇帝钦点的状元,在京城度过了十分尴尬的四年,竟然没有获得一张帝国官僚系统的准入证。我不知道那四年卢肇是怎样熬过的,眼看同科进士一个个找到满意的职位,穿着簇新的官袍走马上任,他的心一定像宫墙上憔悴衰败的野草一样枯寂、落寞吧。

847 年左右,二十九岁的卢肇才开始做鄂岳观察使卢商的幕僚。当时,幕僚属于地方节度使根据工作需要自行聘用的干部,并未纳入朝廷命官编制之内。也就是说,状元郎卢肇随时面临失业的尴尬。而这份工作,还是因为他与卢商沾亲带故。二人祖籍同为范阳郡,且卢商为东汉名儒中郎将卢植二十世孙,卢肇为卢植二十一世孙,二人同宗,实乃一家人。能在茫茫人海中遇见本家,委实是一种缘分。既然是本家,想来把持一方军政大权的卢商应该待卢肇不薄,所给薪水也够养活家人,说不定闲时还可以策马郊外,踏青吟诗呢。文人的自尊有时候像易碎的瓷器,纵使衣食无忧,满腹经纶才高八斗却寄人篱下,那种不得志的郁郁寡欢,想必还是夜夜捶打辗转反侧的卢肇。

不巧的是,在卢商麾下待了七八年后,卢商因病辞职卸任。回京疗养之前,善良的卢商不忍眼睁睁看着小辈丢了饭碗,便将卢肇推荐给好友太原节度使裴休。卢肇只得与他挥泪辞别,携带家小风尘仆仆地赶往山西。

原以为能够就此安定下来,谁想到在新岗位上没干多久,厌倦北方生活的裴休与江陵节度使卢简求互调。卢肇只好又跟着改处新上司卢简求门下。那时的卢肇心想,看在同姓份上,节度使大人应该对自己优待有加吧。事实上卢简求待他不薄,工资待遇提高了不少。然而好景不长,卢简求在太原只待了三四年,最后也因病辞职。命运再次与卢肇开了一个玩笑,他无奈地跟着失业,叹息着收拾行李,离开太原。

像一只失去巢穴的鸟儿,疲惫不堪的卢肇四顾茫然,找不到一根栖息的树枝。我猜想这位心高气傲的状元郎经历如此折腾后,一气之下是想就此作罢,干脆回乡闲居的。

南下路过江陵时,卢肇顺道登门拜访昔日恩主裴休。重情重义的裴休特意在官署里摆了一桌酒席,款待这位面有菜色、落落寡合的年轻人。主客寒暄,几杯温酒下肚,卢肇不禁为自己这些年来的寄人篱下愤愤不平,大发牢骚,言谈之中抨击当时的官场弊端也未可知。宽厚长者裴休听了年轻人的一番慷慨激昂也是长吁短叹,有什么办法呢,千里马遇不到伯乐,说不定就此湮没了啊。卢肇的坎坷遭遇使裴休渐生恻隐之心,翌日便修书一封将他推荐给时任潼关防御史的老友会纥干臬,信中对卢肇的才华与能力大加褒奖。裴休的古道热肠使卢肇分外感动:倘若意气用事,回乡闲居,一家人又靠什么生活呢?于是,卢肇收拾行李,急匆匆折向潼关赴任。

唐僖宗咸通五年(864),卢肇迎来命运的转机——升任秘书省著作郎。困顿之中煎熬十多年,终于获得一张朝廷的正式任命文书。这一年卢肇四十六岁,已成一个两鬓微白的标准中年男人。前往京城任职的他,有没有略略感到一丝欣慰呢?

京城官衙内,处理公文的间隙,卢肇透过窗外洒落的阳光,注视光影里的浮尘,回忆十多年来四处辗转默默无闻的幕僚生涯,恍若隔世。此次朝廷

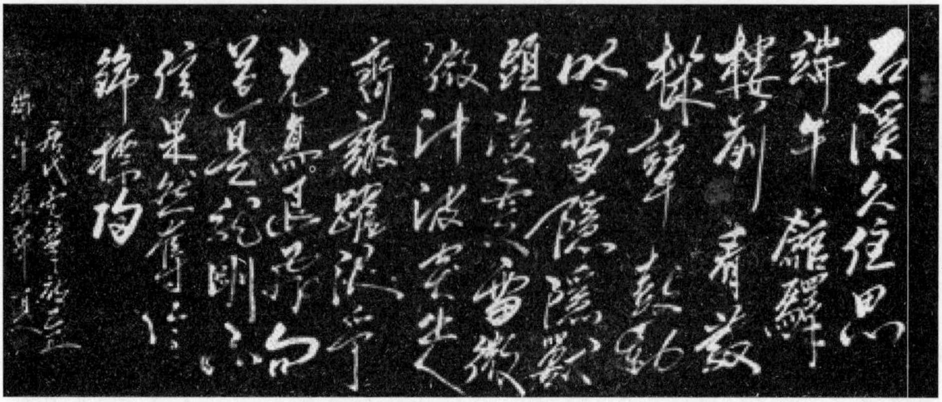

卢肇《竞渡诗》 张华夏书

起用,有点出乎卢肇预料。或许源于几任节度使大人的推荐,让宰相大人知道了卢肇这个人名?因为除了细心做好本职工作,还有和朝中几个官员朋友一般的诗词唱和之外,自己并未像别人那样处心积虑谄媚权贵以谋求肥差啊。包括会昌年间宰相大人李德裕,即便他与卢肇有师生之谊,卢肇也没有借此跑官要官。要知道那正是李德裕势力旺盛之时,多少人削尖脑袋都想做他的门生啊,毕竟大树底下好乘凉。卢肇却不想傍这棵大树,他指望凭自己的真才实学博取朝廷的青睐。

二

说到李德裕,自然必须提起晚唐时期那段著名的“牛李党争”。

这场发轫于唐宪宗时期,直至唐宣宗时期才结束的官僚集团内部宗派斗争,拉扯、绵延近四十年。以牛僧儒、李宗闵为首的“牛党”和以李德裕为首的“李党”势同水火,暗中勾结宫廷宦官势力,相互倾轧,轮流操控朝政,将整个京城官场演化为争权夺利的竞技场。在权力的诱惑下,许多官员见风使舵、趋利避害,甚至不惜牺牲人格,沦为这场斗争的陪葬品。

李德裕失宠,被对手挤出京城,贬为宜春长史时,年轻好学的卢肇与宜春学子易重、黄颇等人时常慕名登门求教。或许由于年少单纯只知苦读圣贤书，或许由于信息传播的迟滞，这帮年轻人并不知晓千里之外的京城正上演政治斗争的风起云涌，只看见眼前坐着一个风度翩翩的睿智长者。

对于李德裕而言，那是一段多么惬意的时光啊。党争中伤痕累累的他在一帮年轻人的簇拥下，暂时忘却了京城的尔虞我诈、明枪暗箭。宾主常常就着一壶花茶，坐在山风轻拂的六角凉亭里吟诗作赋，或泛舟秀江屈膝长谈，波光粼粼倒映着那些清瘦的身影；年轻人倾服长者的博学，李德裕则艳羡他们的朝气蓬勃与满腔激情。通过一番细心观察，李德裕发现这群时常登门拜访的年轻人中，有一位与众不同，他才思敏捷但言谈直率，甚至有点恃才傲物，名叫"卢肇"。

会昌三年，卢肇高中状元。这时，东山再起的李德裕正坐在高大宽敞的宰相官衙里批阅公文，许多人都在揣度：凭借宰相门生这层特殊关系，独占鳌头的卢肇想要谋个理想官职，还不像吃块豆腐那么容易？况且，此时的卢肇仍能像当年在宜春时一样，自由出入相府，而且宾主相谈甚欢，甜蜜温馨。这是令多少人眼红心跳的情景啊。

冒昧地设想一下当时的情形：李德裕可能也在等待。他当然不需要卢肇双手恭送的礼品，也不需要卢肇表示感谢的诗词，他等的就是这位弟子关于前途的开口求助。然而每次登门拜访，耿直的卢肇依旧像多年前那样，所谈止于诗文，前途事宜可能只言未提。不提不等于不想提，谁都清楚当朝宰相一句话产生的能量有多大。说句冒犯的话，卢肇也可能犹豫徘徊过，但天性中的固执抑制了刹那间的念想，最终选择遵守自己的人生准则：凭真才实学谋位子。

颇有意思的是，李德裕的政敌牛僧儒也很赏识这位分宜才子。

除了经常造访李德裕，卢肇似乎与牛僧儒也多有往来。

一次，牛僧儒一位美貌如花的侍妾名唤真珠的，沐浴完毕正在对镜梳妆，举手投足间端的是风情万种。恰巧卢肇到访，牛僧儒也许想借机考考这位状元，或者故意为难他，便示意卢肇以此情此景赋诗一首。卢肇也不避讳，隔着珠帘，瞟了一眼美人梳妆的娇态，夺口吟出："知道相公怜玉腕，故将纤手整金钗。”将女人的心思、情态勾画得惟妙惟肖，男女之间的调情也跃然纸上。牛僧儒听罢大悦。可惜二人的交往仅止于此类。卢肇似乎也没有更进一步，拱拱手说一些诸如今后请牛大人多关照多提携一类的套话客气话。真是可爱的文人风度。

这样分析起来，卢肇似有“脚踩两只船”的嫌疑。在两股互为对手的政治势力之间周旋，需要超高的智商与情商，稍有不慎，就可能引火烧身。以卢肇耿直的脾性，是不会轻易俯就任何一方的。只有一种解释：他与双方的交往都停留在“君子之交淡如水”的层面。在他心目中，牛李二人充其量只能算是诗词唱和上的朋友，至于二人如何明争暗斗，那是他们自己的事，与卢某人何干？所以，卢肇实际上并未“踩”着两只船，只是轻点了一下船舷。

世事纷繁，其中往往深藏许多复杂微妙的东西。卢肇自认为和牛李二人保持的是淡然的君子之交，问题是双方当事人怎么理解？躲在背后操弄争斗的那拨人又如何看待？可以设想一下，李德裕如果听说卢肇拜访牛僧儒，并且为其侍妾赋诗，会作何感想？是否生发认错人的遗憾？牛僧儒知道卢肇是李德裕的门生故旧，且二人诗词唱和亲密无间，会不会微笑之余，仅把他当一枚棋子使用？

也许正是因为这种摇摆不定，加上信奉自力更生的人生哲学，卢肇最终未能像其他人那样，高高兴兴地穿上朝服，坐在窗明几净的官署里办公，而是靠朋友周济度日，郁闷之中，蜗居京城四年。

状元洲公园，传说卢肇曾在此刻苦攻读

847 年的某个春日，度日如年的卢肇幸运地遇见回京公干的鄂岳观察使卢商。聊起家世渊源，才发觉二人竟是本家，坐了四年冷板凳的卢肇终于弄到一份工作——协助观察使大人处理一方政务。

跟随卢商车队离开京城那天，兴奋莫名的卢肇也许一直幻想着如何办好第一件公务，并借此开拓一段美好的未来。马背上一路颠簸的他何曾料到，十几年颠沛流离的幕僚生涯刚刚开启。

三

卢肇的曾祖父卢挺，唐德宗时曾任袁州刺史，有一份固定的薪水，生活还算富足；可是，到父亲卢华廷一辈时，家境逐渐衰落，生活陷于困窘。

和历史上许多成才事例一样，物质匮乏成了卢肇发奋苦读的精神动力，在他的诗句和自叙中可以察见其好学和勤勉："为业之初，家空四壁，夜无脂烛则热薪。苏醒恨冥顽，亦尝悬刺。"《送弟》一诗中也说道"去日家无担石储，白日耕田夜读书。"……唐文宗开成元年(836)，卢肇乡试中举，但开成五年、会昌二年两次会试不第。不过这两次失利也没有打击他的信心，会昌三年，二十五岁的卢肇终于实现了那个埋藏心底多年的梦想——金榜题名后从长安街头打马经过，收获一大片艳羡的目光。

在京都长安出席朝廷专为新科进士设置的"探花宴""题名会"和"曲江会"之后，卢肇满面春风地回到故里袁州省亲。

时任袁州刺史成应元，得知状元郎归省的消息，大喜之余命人细致筹划，于端午佳节在秀江河畔为状元设宴接风。状元可是凤毛麟角式的拔尖人才，作为地方行政长官，他的管辖区域内出现如此优秀青年，也是一项重要政绩啊。

可惜，这位父母官兴奋之余大概忘记了一件事：当年在长亭为宜春籍赴京应试举人设宴饯行时，只顾和家资丰裕的黄颇说话，把这位衣衫破旧的瘦弱书生撂在一边。想当初，刺史大人那副冷热分明的嘴脸深深地刺痛了卢肇的心。他哪里知道，这位寒酸书生的身上凝聚了多少"子诗曰云"的能量。

状元桥，距卢肇故里约十公里

那天，刺史和他的随从们都争着与黄颇拱手作别，笑语喧哗从长亭的廊柱之间飘出，一下一下敲击着卢肇脆弱的耳膜。落寞的卢肇决定背上行李先走一步，在十里外的荒草坡边等待同伴。灰白天空笼罩着苍茫大地，四野一片静寂，刺史大人视自己如草芥的冷漠神情像一团火苗在眼前跳动，十几年间的寒窗苦读一幕幕在脑海里闪回。卢肇仰望天空，徘徊着，随口吟出："秋天草木正萧疏，西望秦关别故居。筵上芳樽今日酒，箧中黄卷古人书。辞乡且伴衔芦雁，入海终为戴角鱼。长短九霄飞直上，不教毛羽落空虚。"——之前的两次落第已成过去，此次进京，我卢肇定要"长短九霄飞直上"！

而今端午之日，江畔人头攒动，河中龙舟竞渡，鼓声整天。成应元率一班地方官吏早早地在观景亭下恭候卢肇。

席间，官吏和乡绅们轮番向状元郎敬酒，溢美之词滔滔不绝。世事就是如此残酷，此前的艰难困顿似乎没有人知晓，也无人过问，一旦功成名就，所有人便环伺左右。喧闹声中，卢肇被河中龙舟你追我赶的火热景象吸引住了。他信步踱过，驻足窗前，不禁想起昔日饯行时所遭受的冷遇：当初你们不是看不起我卢肇吗，如今怎样？他决定借此情景嘲讽一下成应元一干人等，便命笔墨伺候。众人见状，都满怀期待地簇拥着他，等待品赏卢状元的优美诗文。卢肇略一思虑,笔管挥舞,写下一首诗:“石溪久住思端午,馆驿楼前看发机。鼙鼓动时雷隐隐,画桡翻处雪微微。冲波突出人齐啾,跃浪争先鸟退飞。向道是龙君不信,果然夺得锦标归。”(《及第后江陵观渡寄袁州刺史成应元》)。墨迹未干,便有人高声朗诵这首诗。众人听了,纷纷竖起大拇指,称赞此诗如何工整,如何气度不凡,不愧为状元手笔……卢肇搁下毛笔,整了整衣冠,在一片啧啧声中,透过人群缝隙捕捉到成应元脸上掠过的一丝羞愧。

端午一宴,卢肇借机羞辱了刺史,郁积已久的不平之气总算畅快地发泄了一番,其刚直的个性也随之展露无遗。痛快归痛快,但他哪里知晓,趋炎附势早已成了官场潜规则,身处其中熟谙其道的成应元又怎么会违背规则,逆流而上呢?他更不会料到,自己“向道是龙君不信,果然夺得锦标归”式的刚直与傲气,会为之后的仕途生涯埋下多少曲折绵延的伏笔。

卢肇故里,今分宜县杨桥镇观光村

名列榜首确实给了卢肇苦尽甘来的欣悦,但也夹杂诸多自己始终无法理解的问题。按道理考中状元后实授一个官职应不成问题,但事实并非如此简单。卢肇中状元时正是牛李党争愈演愈烈之时,皇帝昏庸,大权旁落,大小官员正忙于“选边站”,那些随风倒的人得到了实惠,像卢肇这样凭真才实学上来又不会迎来送往的人,明显是一个异类,想要授个官职却非易事。

四

我们经常说“性格决定命运”,这句看似朴素轻巧的话中间其实蕴含着无限丰富的玄机。

个人性格从出生之日起就已悄然播下,一般来说无法改变,否则也不会有“江山易改本性难移”之说。中国历史上大凡文人从政,鲜有善终者,除非他能巧妙地掩饰可爱的理想主义和直言直谏的臭脾气,夹住尾巴唯唯诺诺。

魏晋时的嵇康,不但诗词文章写得好,而且“身长七尺八寸,风姿特秀,见者叹曰:‘萧萧肃肃,爽朗清举。’或云:‘肃肃如松下风,高而徐引。’”无疑是一个标准的美男子。按道理,这样一个才貌双全的人只要肯向当权者稍稍低一下头,等待他的必将是前途一片灿烂。可嵇康偏偏是一个“刚肠疾恶,轻肆直言,遇事便发”之人。司马昭想把他招入麾下,委托嵇康的好友山巨源出面做思想工作,嵇康不但断然拒绝,而且写了一封著名的《与山巨源绝交书》,不管三七二十一地亮出自己不想傍“政治大款”的高洁品格。司马昭没料到热脸贴着一块冷屁股,这可是很丢份的事。人才既然不能用就只有废掉,杀头的危险已经逼近嵇康了。嵇康连司马昭都敢得罪,其余人更不会放在眼里。最终,他以一曲《广陵散》血溅刑场。生在卢肇之前的著名诗人李白,在贺知章的推荐下以诗名获得唐玄宗青睐,授予翰林学士,荣华富贵指日可待。谁料两年后,李白竟然辞官,玄宗虽然感觉不爽,倒也宽容大度,赐金放还。李白放着一个大好前程不要,宁愿四处漂泊,很多人会惊讶于他的不识时务。其实,以他狂放不羁、追求自由的个性,又怎能适应宫廷之内等级森严、循规蹈矩的陈腐生活呢?锦衣玉食只能满足肉体的需求,精神的空虚又怎么填补呢?所以,酒后作诗让杨贵妃捧砚,高力士脱靴的举动也就不足为怪了。不然,李白也不会吟出“安能摧眉折腰事权贵,使我不得开心颜”之类的诗句。当时社会对文人还算宽容,所以玄宗没有把李白囚禁在长安,更没有怎么处罚他,反倒送了一笔可观的生活费给他。

安史之乱动摇了国家政权的根基,至唐懿宗即位时,大唐气象已成明日黄花,大中十三年爆发的农民起义更使政局陷于风雨飘摇之中。然而,生于忧患的唐懿宗却是一个不折不扣的昏君,整日沉溺于宴会、乐舞和游玩,仅宫中供养的乐工就达五百人，在他的示范与带动下，整个官场弥漫着穷奢极欲、醉生梦死的陈腐之气。

《海潮赋》汪洋恣肆、雄浑厚实，曲折显示了卢肇追慕盛唐气象的制赋旨趣。不知道耽于游乐的唐懿宗表彰卢肇这篇文章，是否缘于这些气势磅礴的文字刹那间唤起了他遥远的复兴梦想？但梦想毕竟只能是梦想。有梦想却没有实际作为，让政令荒废在奢侈与享乐之间，使百姓生活在水深火热之中，谈何复兴？王朝走向覆灭也是早晚的事。

有一首诗大概可以作为卢肇的人生总结来解读："得失等闲事，知己感难酬。器识务宏远，荣名固浮沤。"生活在一个如此尴尬的年代，即便胸怀济世之志也无人理解，无人赏识，想要施展自己的才华以期有所作为也只能是一厢情愿，加上始终不肯低头俯就权贵，卢肇一生未能获得重用。政治上的翻云覆雨令卢肇眼花缭乱，无所适从，终于在六十二岁那年，他退休回到老家宜春文标乡（今分宜县杨桥镇），两年后在郁闷中离开人世。

人生充满偶然，其中不乏戏剧性因素。你可以选择做一个什么样的人，却无法选择出生的年代。假如卢肇早生一百年，中国文学史上再添一个著名诗人也未可知。但不管怎么说，卢肇在他所处的时代没有和其他人一样混同于蝇营狗苟之流，而是选择做好"这一个"，历史就应该庆幸。因为，正是有众多的"这一个"，才组成色彩斑斓、意趣横生的历史人物长卷。

延伸阅读

卢肇：生于唐元和十三年（818），卒于中和二年（882）。字子发，江西宜春文标乡（现属新余市分宜县）人。会昌三年（843）状元，先后在歙州、宣州、池州、吉州做过刺史。后因故被罢官，唐僖宗广明元年（880）回到老家，两年后去世。他政事之余，勤于笔耕，一生著述很多，有《文标集》《届堂龟鉴》《卢子史录》《逸史》《愈风集》《大统赋注》等一百多卷，比较著名的是《汉堤诗》《海潮赋》《天河赋》。

紫金鱼袋：唐、宋官衔常有此名，紫指紫衣；金鱼袋，即鲤鱼状金符，一般佩戴在腰间。官服颜色根据品级区分，从唐代开始是：三品以上紫袍，佩金鱼袋；五品以上绯(大红)袍，佩银鱼袋；六品以下绿袍，无鱼袋。官吏有职务高而品级低的，仍须按照原品服色。另外，金鱼袋(银鱼袋)也可作为一种类似荣誉称号的职位授予官员。以上历代略有不同。这种服色制度，直至清代才完全废除，只在帽顶及补服上分别出品级。简而言之，清代公服原则上都是蓝色，只在庆典时可以用绛色；外褂平时都是红青色，素服时改用黑色。

牛李党争：唐朝后期统治集团内部争权夺利的宗派斗争，也称"朋党之争"。"牛党"是指以牛僧孺、李宗闵为首的官僚集团；"李党"是指以李德裕为首的官僚集团。牛党大多科举出身，属于庶族地主，门第卑微，依靠寒窗苦读考取进士，最终获得官职。李党大多出身于世家大族，门第显赫，称为"门荫"出身。从表面看，牛李党争似乎是庶族官僚与士族官僚之间的斗争，实际上两党在政治上也有深刻分歧。分歧的焦点主要集中在两点：一是通过什么途径来选拔官僚。牛党多科举出身，主张通过科举取士；李党多门荫出身，主张通过门荫取士。李德裕认为，公卿子弟从小就熟悉官场，容易掌握做官的本领。二是如何对待藩镇。李党主张对不听朝廷命令的藩镇用兵，以加强唐朝中央的地位；牛党则主张姑息迁就。两党除了政治上的分歧外，还牵扯进很多复杂的个人恩怨。牛僧孺、李宗闵因评论时政，得罪了宰相李吉甫，曾遭到贬斥，而李德裕是李吉甫的儿子，因此双方结怨甚深，一旦大权在握，就排挤打击对方。唐穆宗长庆年间(821—824)牛僧孺做宰相，就把李德裕排挤出朝廷。李德裕任西川节度使时，接受吐蕃将领的投降，收复了重镇维州(今四川理县)。牛僧孺却意气用事，强令把降将和城池交还吐蕃。唐武宗时(841—846)，李德裕做宰相，又把牛僧孺、李宗闵放逐到南方。唐武宗死后，唐宣宗即位，牛党成员白敏中任宰相，牛党又纷纷被重新起用，李党全遭罢斥。李德裕被赶到遥远的崖州(今海南三亚西北)，不久忧郁而死。这场统治阶级内部的宗派斗争，加深了唐朝后期的统治危机。

关于牛李党争的性质，史学界有分歧意见。已故著名史学家陈寅恪先生认为牛党代表进士出身的官僚，李党代表北朝以来山东士族出身的官僚。他们之间的分歧不仅是政见不同，也包括对礼法、门风等文化传统的态度之异。现在史学界大体上认为牛党是新兴的庶族地主，而李党则是没落的门阀世族。

近，突然停住。王钦若的心随之高悬起来，呼吸急促，两颊生热。

“龙带晚烟归洞府，雁拖秋色过衡阳”，寿王高声诵读纸屏上的对联，其音若金石轻触，婷婷袅袅钻入王钦若耳朵里。

“此联妙极，落落有贵气……不知出自何人之手？叫过来让本王见识见识。”寿王对跟在身后的东道主说。

机遇总是垂青有准备的人。对联作者、江南少年王钦若就这样与未来皇帝见面。这次相见，为王钦若日后的飞黄腾达奠定了基础。

从小失去父母，漂泊无依，都城举目无亲的王钦若深知人脉资源的极端重要性。在京城，除了结交未来皇帝赵恒，他更不会放过任何接近当朝皇帝的机会。太平兴国四年(979)，宋太宗赵光义征伐北汉。五月，攻取太原，结束北汉刘继元的统治。时年十八岁的王钦若敏锐地觉察到这是展露才华大唱赞歌的绝佳时机，赶忙写了《平晋赋论》献给宋太宗，为胜利的结局锦上添花，借此在太宗心目中留下一个好印象。

淳化三年(992)，王钦若考中进士，正式进入国家公务员行列。昔日寄人篱下毫无尊严可言的江南少年，如今官袍加身，吃上皇粮，当年蔡参政门下那些讥讽王钦若的文人，听到这个消息后，会不会羞惭得四处找地缝呢？

有句老话说得好——“吃得苦中苦，方为人上人”。王钦若从小失去父母亲人，无依无靠，加上外貌又不咋地，自然遭人歧视；为了找碗饭吃，不得不四处颠簸，可谓尝尽世间苦头。但是谁能否认这些磨难不是王钦若博取功名的不竭的精神动力呢？换句话说，如果王钦若像富家公子一样衣食无忧，整天只知道呼朋唤友吃喝玩乐，灯红酒绿醉生梦死，那么历史长河中不过多了一条可有可无的蛀虫而已。

从王钦若的发迹来看，其智商与情商确实非同凡人，他日后在官场上几经沉浮最后却能获得圆满结局，备受哀荣，与其聪明的为人处世哲学紧密相关。

二

王钦若的人生之路让我想起担任明朝内阁首辅二十年的分宜人严嵩。两人经历相似,都生于贫寒之家:严嵩的父亲严淮是个穷秀才,靠教书维持生计;王钦若父母早亡,靠祖父抚养成人。既是草根出身,要在当时社会混出一点名堂,唯有走科举这座独木桥了。所以,二人都是凭自己的真才实学获取功名,进而步入仕途的,并且最后都是位极人臣,权势显赫。不同的是,王钦若一路升迁,中间虽几遭贬谪,结局却画了一个大圆——死后享受"皇太后车驾临哭尽哀,天子素服,三日不视朝,录亲属及所亲信二十余人"的超高待遇,可以说善始善终。相比之下,严嵩就惨了:八十高龄被皇帝从京城一脚踹回老家不说,家产被抄个干净,唯一的儿子腰斩于市,白发人送黑发人,可谓凄惨至极。

相似的奋斗道路,为何结局截然相反?让人慨叹严嵩的悲惨命运之余,困惑于王钦若的顺风顺水。仔细梳理王钦若的仕途轨迹,或许能察出一些端倪。

发迹史之开端篇:处事灵活,善于抢抓机遇。

初入官场的王钦若在管理会亭粮仓时就做了一件颇得皇帝心意的事。因长时间下雨,粮库主任不敢承担湿谷进仓的责任,便拒收农民上交的湿谷。这段日子,前来缴粮的农民排成长队,随身带来的干粮早就吃光了,交租的日期却迟迟未定,心里十分焦急,不免怨言四起。王钦若知道后,果断下令把农民的租粮收进来,一边向朝廷奏请:凡是来支谷(粮)的,一律先支给湿谷。这样不但解决了交粮的问题,湿谷还可以自然流转,不会烂在仓里,两全其美。奏章送达太宗眼前,太宗看了龙颜大悦,称赞这个小小的地方官吏做事不但机巧,而且有宰相气度。当时,像王钦若这样的基层官吏多如牛毛,但他敢于创新的处事方式给居于权力塔尖的人留下了深刻印象,无形中为其日后仕途升迁赢得了砝码。

王钦若雕像

至道三年(997)寿王赵恒登上王位，次年改元为咸平元年。有了昔日交情，加上王钦若自己的努力，赵恒一上台即提升王钦若为太常丞，判三司都催欠凭由司。有一天，王钦若的上司，度支判官毋宾古在与王钦若商讨税赋问题时说："老百姓逃税的现象，其实从五代到如今一直都有，只不过皇帝深居宫中不知实情。眼下很多州县旱情严重，百姓生活贫困，无以为继，我觉得我们作为税务部门官员，有义务上报朝廷，替他们请求减免。"王钦若非常赞同这个提议，不等毋宾古具体部署，当即命令手下官吏，统计好逃欠的税租数目，第二天便向宋真宗递上奏折，请求减免欠租，给老百姓以恩惠。真宗看了奏折，心想这个王钦若倒懂得体恤民情，第二天便召见王钦若。真宗笑问王钦若："这种给老百姓好处的事，为什么先皇没有做呢？"王钦若的回答十分聪明——"不是先皇不做这件事，而是先皇为了让皇上您深得民心，特意留给您做的。"其实真宗的问话中早就预设了答案，机智的王钦若自然懂得投其所好。果然，真宗陶醉在政绩的光环里，随即批准了王钦若的请求，减免了乾德(963)至咸平(998)年间老百姓逃亡欠下的一千余万租税，释放囚徒三千余人。从此，嘴巴乖巧、办事周全的王钦若深得皇帝宠幸，官阶也跟着一路攀升。

发迹史之高潮篇：进退有度，周旋有方。

寇准在宋太宗时期便是以刚正廉明，敢于谏言而闻名的重臣，深受太宗爱戴。一个细节可以佐证：一次，寇准向太宗汇报工作时，延续一贯作风，言辞恳切而犀利，虽是忠言然而逆耳，太宗实在听不下去便愤而起身——想走。情绪激昂的寇准见状居然跑上去扯住皇帝的龙袍，劝他重新坐下，听其继续汇报。如此疯狂出格的一幕肯定让底下站着的大臣们瞠目结舌——

俗话说“天威难测”,天子的衣服能随便拉扯吗?他们着实为这个鲁莽的寇准捏了一把汗。但是,事情却获得一个出乎意料的喜剧性结局:太宗不但坐下听完了汇报,并且事后对寇准大加赞赏:“我得到寇准,就像当初唐太宗得到魏征一样。”——把他与一代名臣魏征相媲美,足见他在太宗心目中的分量。对这样一位德高望重的老臣,太宗的儿子宋真宗当然满怀敬意,不敢有丝毫怠慢。

公元1004年,二十万辽军南下,刀锋直逼黄河岸边的澶州(今河南濮阳县)。警报一次次传到歌舞升平的东京,深感龙椅摇晃的宋真宗惊慌失措,连夜主持召开御前会议,商讨对策。昔日大宋骁勇善战的基因已经被富贵安稳的世俗生活冲刷得所剩无几,从皇帝的慌乱眼神中,王钦若察觉到他内心深处潜藏的怯懦,加上当时经济重心已经南移,迁都南方有利于保存大宋实力。会上,王钦若便与副宰相陈尧叟主张迁都南方,避敌锋芒,保存实力。是战是逃?关键时刻,寇准挺身而出,力挽狂澜,极力主张皇上御驾亲征,并怒斥王钦若等“出这种馊主意罪当斩首”!

事情的结局大家都知道:宋朝军队见皇帝亲自督战,顿时士气高涨,用伏弩射杀了辽国大将萧挞凛。军事上占不到便宜的辽国人见状,给自己找了一个台阶——和议。这一招正中宋真宗下怀,他内心深处还是害怕这帮如狼似虎的契丹人的。所以,打了胜仗的宋朝居然接受了每年送给辽岁币银十万两、绢二十万匹的条件,史称“澶渊之盟”。这样的结果虽然有点败兴,却换来了之后宋辽长期并立的基本形势,北方百姓的生活好歹安稳下来。国难当头之际,寇准发挥了关键作用,功莫大焉。

宋建朝以来,朝中政治势力分为尖锐对立的南北二派。真宗时期,北方人以压倒性优势把持朝中大权。有太祖“不用南人为相”的遗训做借口,加上澶渊之盟中立下显赫功勋,身为北方人的寇准自然没有把临江军人王钦若放在眼里。岂止如此,所有想要出头的南方人,他都千方百计进行压制。江西抚州人晏殊天资聪颖,十四岁进京应神童试,面对高高在上的皇帝和千余名来自五湖四海的考生,神态自若,下笔游刃有余。真宗得此人才,龙颜大悦,赐同进士出身。这让冷眼旁观的寇准妒火焚烧,说:“晏殊是江外人!”——言外之意是朝中没有像你这样南方人的位子!赤裸裸地贬低江南士子,而且此举明摆着与皇帝较劲。真宗听了当然非常不舒服——我堂堂一个大宋皇帝给人一个功名难道还要看你寇准的脸色?便当场反驳他:“张九龄不是江外人吗?”假如没有皇帝这句话,晏殊文章写得再好,也只能与其他落榜者一样牢骚满腹地离开繁华的京城。王钦若的同乡萧贯就倒霉了,举进士时与胶水人(今山东平度)蔡齐并列第一,一向打压江南士子的寇准又对真宗唠唠叨叨:“那些南方小地方的人不适宜当状元。”真宗这次可能心情好,没跟他顶,只好点蔡齐为状元,萧贯屈居第二。因为寇准一句话,中国历史上少了一位南方状元。奈何!

澶渊之盟后,宋真宗沉浸在议和而得安宁的喜悦中,陶醉在自己的政绩光晕中不能自拔。建下奇功的寇准更是自视甚高,时常斜着眼睛看人,隔三岔五,利用职务之便给王钦若穿小鞋。饱受倾轧与凌辱的王钦若自知不是寇准的对手,便几次向真宗呈上辞职报告,真宗只好任命他为资政殿学士。然而对王钦若一向感冒的寇准依然揪住他不放,又借机修理他一番,将其站班位置放在翰林学士之下。上下班途中,看着趾高气扬的寇准,王钦若如芒刺在背,心想,不把这姓寇的老头摆平,不但我王钦若难有出头之日,便是江南的同僚们也没有好日子过。王钦若像蛰伏在密林中的猎豹,等待实施致命一击的到来。

寇准画像

机会终于来临。一天下班后,真宗满怀崇敬地目送寇准出去。王钦若整了整衣冠,向前说:“陛下敬重寇准,是因为他对国家社稷有功吗?”真宗点头称是。他接着说:“想不到陛下竟有这种看法。澶渊之役,陛下不以为耻,反而说寇准有功。”真宗愕然。

王钦若进一步说:“《春秋》一书中都把城下之盟作为耻辱,澶渊之盟实际上就是城下之盟啊,陛下不以为耻吗?”这句话等于将真宗的所谓政绩变成了一道伤痕,并且在上面狠狠地撒了一把盐。真宗听了脸色一沉。最要命的还是最后这句话:“陛下听说过赌博吧,那些赌徒们在钱将要输完时,就尽其所有押上去,这就叫‘孤注一掷’。陛下不过是寇准手中的‘孤注’罢了,真是危险啊!”

我猜想当时真宗听了这句话肯定惊出一身冷汗。是啊,我堂堂一国之君居然为臣下挟持,当做赌注,并且是“孤注”,当初没出事算我命大啊,看来寇准这老头包藏祸心啊!从此,真宗便日渐疏远了寇老西,罢了他的相位,起用王钦若为尚书左丞,刑部侍郎签书枢密院事。相府中的王钦若微笑着接受前同乡和下属的道贺,品茶间隙,也许瞥见对手落寞的背影。

其实,细究起来,不是王钦若扳倒了寇准,真正起作用的倒是宋真宗。在上面那段著名的对话中,可以看出王钦若简直是一个优秀的心理学家。封建时代,每一个皇帝都自认为天下第一。没错,寇准在澶渊之盟中确实立下了汗马功劳,但一贯骄横的他不知道何为“低调”,也没弄明白“功高震主”这句老话的真正含义。所以真宗对他有一种矛盾心理:一方面肯定他的功绩,心生敬意;另一方面对他的大大咧咧又有点感冒,在别人面前摆谱不打紧,在自己面前都有恃无恐就不正常了,毕竟我赵恒才是最高统治者。再者,当初辽军进犯,真宗的确是在不情愿的情势下被寇准硬推着去前线视察督战的。如今王钦若引经据典滔滔不绝地将一件政绩说成一种耻辱,正好挑中了皇帝那根脆弱的神经。更有甚者,大宋皇帝居然成了大臣的“赌注”,成了这出历史话剧中一个尴尬的道具,那还不为天下人耻笑?显然,王钦若此举是借刀杀人,而且借了一把锋利无比的宝刀。他随后的荣升打破了“不用南人为相”的神话,朝廷中备受压制的南方官员在听到这个消息后,一定狂喜不已,相互道贺吧。

发迹史之结局篇:大张旗鼓的造神运动。

澶渊之盟后,太平日子过腻了,宋真宗觉得不弄出点动静来,倒显得自己平庸无能,日后也不好给赵家子孙一个交代。素来善于揣摩帝意的王钦若敏锐地捕捉到了真宗对“建功立业”的渴望。于是,他故意建议真宗“出兵收复幽、蓟二州,以雪昔日澶渊之耻”。生性懦弱的真宗原本惧怕战争,偏偏冠冕堂皇地说:“河北一带的百姓刚免了战争之苦, 我哪忍心再挑起战争呢?爱卿还是想点别的主意吧”!谁知王钦若早已布下口袋,顺势提出:“那就只有封禅可以镇服四海,扬我大宋国威了。但自古封禅,都得有‘天瑞’出现才行。”真宗这下着急了:“目前没有此等事情发生,师出无名如何封禅呢?”王钦若见真宗乖乖地钻进口袋,便热情地说:“当然,‘天瑞’不是说要就有的;前代之所谓‘天瑞’者,有些是人为搞出来的……古代传说的‘河出《图》、洛出《书》(即河图洛书)’,难道真有这么回事吗?还不是圣人以神道设教”!一语打开天窗,真宗自然心领神会,通体舒泰。

接下来的问题是如何搞定当时的宰相王旦,因为封禅这样的大事没有宰相的支持是很难办的。情急之下,宋真宗想了一个办法:请王旦喝酒,熏熏然之余还送了一樽酒给宰相,让他带回去和家人共享。受宠若惊的王旦回到家里打开一看,琳琅满目——全是珍珠!俗话说吃人家的嘴短,拿人家的手软,何况还是当朝皇帝的“贿赂”!王旦不得不答应,参加封禅大戏班子并饰演重要角色。

总导演宋真宗和执行导演王钦若一番商讨之后,大戏开锣了。大中祥符元年(1008)正月的一天,一大早,真宗把朝臣召集起来,神神秘秘地对众臣说:“去年十一月二十七日,半夜时分,我刚躺下睡觉,忽然室内一片明亮,有个穿绛衣的神人对我说:‘来月于正殿建道场一个,将降天书‘大中禅符’三篇,天机不可泄露!’说完就不见了。从十二月初一起我就在朝元殿斋戒,建了道场,恭恭敬敬地等候神的恩赐。刚才城隍司奏称在左承天门南发现有一匹黄帛悬挂在屋脊上,我马上派人察看,回报说帛布中包有类似天书的东西,封口有字。原来正是神人说的天书啊!”王旦一干人等连忙跪拜称贺,拉开了全国上下“争言祥瑞”的序幕。紧接着,王旦联络文武百官连续五次上表请求真宗封禅。总导演兼男一号宋真宗命王钦若为先行官,赴泰山筹办有关事宜。

王钦若到了泰山，按照计划实施——找人伪造一幅天书，快马加鞭送往东京。接到天书的宋真宗再次召集众臣说："上次入我梦中的神人又对我说'六月上旬将赐天书于泰山'，已经命令王钦若一有祥瑞立即报告，众卿看看，果不其然……"真宗渴望已久的封禅大典终于如期举行了。在皇帝的示范带动下，举国上掀起了一波又一波"争言祥瑞"的热潮。坐在龙椅上的宋真宗满意地笑了，他觉得赵宋江山在这次成功的造神运动中获得了空前的稳固，自己的丰功伟绩也必将载入史册，为后世永远铭记。

宋真宗像

与寇准澶渊之盟后罢相不同，这次王钦若因策划封禅有功而加官晋爵，位至宰相。草根出身，其貌不扬的王钦若给颇有些自恋狂的宋真宗灌了一副猛药之后，得到了梦寐以求的位子。

纵观王钦若一生，虽然也遭遇过数次贬谪，但总能东山再起，尤其是最后一次为相，更显示了他的圆滑和目光长远。

彼时真宗想立出身寒微的四川人刘氏为皇后，岂料参知政事赵安仁不同意，说她出身低微，不能母仪天下，主张立已故宰相之女德妃。左右摇摆之际，真宗欲寻求舆论支持，便征求王钦若的意见。王钦若何等聪明，当即回答："赵安仁曾为故相门客，欲报旧恩。"——赵安仁这厮原来怀有这般私心。轻轻一句话就坚定了真宗立刘妃为皇后的决心。这样一来，王钦若不仅得到真宗欢心，又讨好了刘后，可谓一举两得。这样，十二岁的仁宗即位后，刘后成了皇太后，而王钦若六十一岁时再登相位正是这位刘太后感恩图报的结果，他精准的战略眼光不能不令人惊讶和佩服。可以说，正因为每一件事他都做得滴水不漏，一生才会走得那么顺畅。

反观严嵩，论才华不比王钦若差，也小心谨慎地侍奉了喜怒无常的嘉靖皇帝二十余年,可最后却被狂傲不羁的儿子所害,落得家破人亡。工作上他可能费尽心思,周旋于皇帝和大臣之间,甚至包括和最危险的政治对手徐阶结为亲家。但是权力斗争永远是看不见硝烟的残酷战场,任何一个细节的疏忽都可能导致身败名裂,后者正是抓住严世蕃的辫子给了严阁老致命一击。在血腥的权力斗争面前,苦心经营的亲戚关系顷刻间化为泡影。对比王严二人迥异的政治命运,我产生了一个疑问:难道晚于王钦若五百年的严嵩就没有从这个老乡身上汲取半点规避风险的思想精华?或许因为二人身处的政治环境截然不同,才上演了悲喜两出大剧? 相对波澜起伏的壮阔时代而言,微小如芒的个人命运只有随波逐流了。

三

王钦若的仕途并不是一马平川,期间也遭遇过不少挫折,但挫折过后他总能东山再起,除了他深谙官场规则,知道如何说话办事,处理好种种关系之外,还有一条——他能恪尽职守,也敢于为任内百姓谋利造福。即便遭遇贬职,他仍能心怀百姓苍生。

宋太宗时期,开封附近二十七县曾遭遇严重旱灾,百姓生活困窘,皇帝知道后下令减免田租。当时社会上有一种传言,说不少官员夸大灾情,减免过分,朝廷查实后为此责成追还减免的税粮。宋太宗听了很不高兴,当即处理了一批地方官员。亳州任上的王钦若却将旱情实事求是地报告朝廷,请求减免全部田租。当时朝中很多朋友都为王钦若担忧,怕他也挨处分。向来欣赏王钦若的开封府尹寿王赵恒也为他捏了一把汗,赵恒登基后忆及此事时曾对他的辅臣说:“当时,朕亦自惧,钦若小官,独敢为百姓伸理,此大臣节也。”在一部分官员因为虚报数字受到处分的背景下,是保守做事,保住头上乌纱帽要紧,还是依据事实为老百姓的利益说话?王钦若顶住压力,敢于决策,最终为百姓争得实惠。至少在这一时期,他还没有忘记自己的贫寒出身,能够体味百姓的艰苦,为民生做点实事。

天禧三年六月，王钦若因道士谯文易私藏禁书一事牵连，被贬杭州。从炙手可热的宰相到"出判杭州"，地位一落千丈，换了旁人，可能就在西湖边上日日饮酒作乐，沉醉于湖光山色了。有京城任职背景，虽是虎落平阳，地方官员还得敬他三分，正好拥着一两个苏杭美女乘着画舫，听着小曲游玩。王钦若并未以昔日宰相爷自居，而是非常平静地做着本职工作。不到一年，杭州即"酒榷增羡狱空"，经济繁荣，财税大增，社会治安明显好转，政绩斐然。尔后，针对西湖周边百姓捕鱼泛滥现象，他奏请朝廷以西湖为放生池，禁民采捕。这一建议自然深得信奉道教的宋真宗赏识，这样一来既优化了西湖环境，又增添了名胜风光。王钦若为杭州的旅游业发展立了一功。他的江西老乡晏殊在其墓志铭中也写道："出守杭州，贤者举而用之，能者荐而任之，贫者发仓廪以赈之，强者操法柄以治之，不旬月，民仰之如父母，敬之如神明，朝野称颂，若出一词。"虽然有点夸张，但多少也能看出王钦若执政经验丰富，才干确实高人一筹。

王钦若为人处事深得原则性与灵活性相结合的真谛。民心向背可以作为判断官员是否尽职的主要标准，所以他始终坚持为官一任造福一方百姓的原则，维护百姓利益。具体工作中，他思维灵活，巧妙地整合不同资源，借助各种力量，达成目的。比如前面讲到西湖的保护，他上奏朝廷时并未大谈什么生态保护、治理环境，却提"放生池"。为什么有这一提法？原来宋真宗时期佛道思想盛行，普通百姓中有不少佛教道教信徒，皇帝本人更是一个不折不扣的道教信徒，当时全国已有两万道士，而"利济苍生，积功累德"正是道教入世济世的重要内容。提倡"放生"十分符合宋真宗的心理，一声令下，事情便很快办成。

一个人的命运和其家庭背景、性格及人生经历息息相关。

王钦若年幼就成了孤儿，四处漂泊、寄人篱下的坎坷遭遇很容易使一个人消沉也极有可能刺激一个人的斗志。科考成功之前，备尝人世艰辛的王钦若便已"人情练达"，懂得如何巧妙地处理各种人际关系。依靠一副对联结识未来皇帝赵恒，看起来似乎是一个巧合，事实上，谁知道王钦若为此付出了多少心血呢?假设他胸无点墨,便写不出那样有文采的对联,也没有机会结识赵恒;如果赵恒到王钦若东家府上纯粹娱乐,或找某个美女幽会,写得再好的对联恐怕都入不了他的法眼,二人也就无缘相识。机缘巧合之下其实蕴含很多偶然与必然因素, 很多人认为那是命中注定的好运气,却不仔细想想,好运气为何单单降临在他一个人身上呢?

王钦若死后, 宋仁宗在与众臣议论他的为人时曾经说:"钦若久在政府,观其所为,真奸邪也。"辅臣王曾当即对曰:"钦若与丁谓、林特、陈彭年、刘承珪,时谓之'五鬼'。奸邪险伪,诚如圣谕。"在那种体制下,评判人物是非功过,皇帝老儿定下调子,底下人自然跟在后面添油加醋,不可能也不敢唱反调。真宗时期,在皇帝的鼎力支持下,道教广为传播,史载:"先是,道教之行,时罕习尚,惟江西、剑南人素崇重。及是,天下始遍道像矣。"(李焘:《续资治通鉴长编》卷七二)。王钦若年幼起就崇信道教,后来曾在宜春湖岗寺和奉新华林书院读书,两地都是当时有名的道教所在地,无疑在他脑海里打下了崇仙求道的思想胎记。他前期为官,的确做了不少好事实事,但大中祥符年间打着道教的幌子,帮助真宗大搞迷信活动,神化君权,上演了不少荒谬的闹剧也是事实, 这些恐怕与其自身痴迷道教的思想背景分不开吧。

延伸阅读

王钦若:生于宋乾德元年(963),卒于天圣二年(1024)。北宋江南第一个宰相。字定国,北宋新喻人(今新余东门王家人)。官历三朝,曾前后三次为宰相(包括一次为副宰相),脖子上长有一肉瘤,时人称为"瘿相"。他从小很聪明,会读书作文。十八岁那年,宋太宗率军进兵太原,他作《平晋赋论》进献皇上。太宗淳化三年(992)中进士。据说,当时在殿试中还考了第一名,中了状元;只因他与同中一甲的袁州同窗许载高兴过度,纵情喝酒,袒腹失礼,太宗得知后大怒,下旨再试,因此丢了状元。因王若钦聪明,"智数过人”，为官三十多年中为讨好皇帝而喜弄玄虚，被人视为“奸邪险伪”。宋真宗景德二年，曾与杨亿等十八人一同修纂政事历史百科全书《册府元龟》。

寇准：字平仲，汉族，华州下邽（今陕西渭南）人。北宋政治家、诗人。太平兴国五年进士，初授大理评事、知归州巴东县，改大名府成安县。累迁殿中丞、通判郓州。召试学士院，授右正言、直史馆，为三司度支推官、转盐铁判官。历同知枢密院事、参知政事。后两度入相，一任枢密使，出为使相。乾兴元年(1022)被贬谪雷州司户参军，天圣元年 (1023) 九月，病逝于雷州。皇祐四年，仁宗诏翰林学士孙抃撰神道碑，谥“忠愍”，复爵“莱国公”，追赠中书令，仁宗亲篆其首曰“旌忠”。故后人多称“寇忠愍”或“寇莱公”。寇准去世后，经他夫人宋氏请求，将灵柩运到洛阳安葬，途经衡州（今衡阳市）、公安（今湖北公安）等地时，当地父老插竹路祭，据说后来竹都成活为林，后人称为“相公竹”。人们又在竹林旁建了“寇公祠”。明代大文人戴嘉猷路过公安时，曾题写“万古忠魂依海角，当年枯竹到雷阳”的不朽诗句。寇准善诗能文，七绝尤有韵味，有《寇忠愍诗集》三卷传世，与白居易、张仁愿并称渭南“三贤”。

澶渊之盟：北宋与辽经过多次战争后所缔结的一次盟约。宋真宗景德元年(1004)秋，辽萧太后与辽圣宗亲率大军南下，深入宋境。当时有大臣主张避敌南逃，宋真宗也想南逃，因宰相寇准力劝，才至澶州督战。宋军坚守辽军背后的城镇，又在澶州城下射杀辽将萧挞览（一作凛）。辽害怕腹背受敌，提出和议。宋真宗畏敌，历来主张议和，先通过降辽旧将王继忠与对方暗通关节，后派曹利用前往辽营谈判，于十二月间(1005 年 1 月)与辽订立和约，规定宋每年送给辽岁币银十万两、绢二十万匹。因澶州在宋朝亦称澶渊郡，故史称“澶渊之盟”。 澶渊之盟是宋真宗在有利的军事形势下接受求和的结果。对宋而言，一方面燕云十六州的大部分土地未能收回，另一方面要输金纳绢以求辽朝不再南侵，此后辽更是不断需索，以金钱换取和平使北宋不再居安思危。对辽国而言，却是在不利的军事情势下占了大便宜，得到了战场上得不到的东西。最重要的是，澶渊之盟以后，宋辽双方大致保持了百余年之和平，这对两国之间的贸易关系、民间交往和各民族之间的融合是非常有利的，为中原与北部边疆经济文化的交流创造了条件，蒋复璁曾说及宋辽澶渊之盟“影响了中国思想界及中国整个历史”。黄仁宇说：“澶渊之盟是一种地缘政治的产物，表示这两种带竞争性的体制在地域上一度保持到力量的平衡。”

改革先锋——李谘

一

北宋一朝,“守成”与“变法”两种政治思想的斗争贯穿始终。

宋仁宗天圣三年(1025)十月,秋风扫落叶。翰林侍讲学士孙奭一纸奏折使时任权三司使(总管国家财政的长官)李谘主导的茶法改革(史称“见钱法”)实施不足三年便宣告失败。这一年的早些时候,大理寺丞(最高法院负责案件审理的官员)范仲淹便给垂帘听政的章献太后和仁宗呈上《奏上时务书》,请求朝廷广开言路,实施变革。可见那一时期,主张变法,革除积弊的官员不乏其人。可惜后面发生的范仲淹主导的庆历新政、王安石主导的熙宁变法,命运与李谘的茶法改革一样。伴随改革失败,接下来便是:参与革新运动的大小官吏悉数遭到贬抑,有的甚至流放到沙门岛(今山东烟台长岛)。这个岛是当时流放、囚禁犯人的地方,宋朝政府在上面设置了一个劳改营。《宋史·刑法志》载:“配隶重者沙门岛寨,其次岭表,其次三千里至邻州。”《绣像本水浒传》第七十二回,玉麒麟卢俊义遭管家李固陷害,就被脊杖四十,刺配沙门岛。上了沙门岛等于进了鬼门关,狱吏囚卒滥杀罪犯不说,更可怕的是人犯的口粮经常得不到保障,许多人因此活活饿死。面对此种恶劣情势,众矢之的的李谘假托身体原因请求到地方任职——“谘以

李谘故里白水塘村祠堂

疾累请郡，改枢密直学士、知洪州。”最后，宋仁宗对这位敬职敬业的改革先锋的处置算是网开一面——让他回乡（李谘家乡为新喻县，距洪州不远）任职。苦心经营的一套新法就这样说没就没了，人生有时候真像一场梦。猜想步出汴京城门的李谘，在送行同僚一片诚挚的叮咛中也未能收获多少慰藉吧？

行事向来缜密的李谘，前往洪州赴任时，大约一直在思考茶法失利的原因。说来话长，此前北宋政府实施的茶法名为“入中法”，也称“交引法”，即让商人自己运输粮草缴纳给边防各地，边地收到粮草后按照当地市价和运输路程的长短计价，发给商人一种领款凭证，名为“交引”。商人再拿着交引到京城领款，或由京师榷货务批引后，到解州、江淮等地领取盐茶。这种方法实施过程中涉及作价问题，而当时实际情况是很多入中商人与边地官吏勾结，故意高估入中货物的价值，从中大肆渔利，政府财政蒙受巨额损失。李谘实施“见钱法”后，实行用现钱而不用交引来偿付入中，使茶叶与沿边入中脱离直接关系，有效解决了茶叶价格的虚估。一个不容忽视的事实是，新法实施仅仅一年，成效显而易见——京师榷货务收入增加104余万贯，边地马草增加1169万围，军粮增加213万余石，茶、香和东南缗钱的支出减少171万缗，总计所增加的收入和省减的支出共650余万贯。我们知道，仁宗时期冗兵特别严重，全国军队总计 125.9 万人，所需经费占赋十分之七。供养一支如此庞大军队，所需粮草的确是一个天文数字，令政府倍感头痛。按道理，“见钱法”本应在全国推广，没有理由停下来啊。但仔细一想，任何改革势必触及一部分人的利益。李谘的新茶法对国家财政有利，却无形中堵塞了那些不法商贾与某些边地官吏的“财路”，眼睁睁看着一块块肥肉远去，他们肯定要跳起来联手反击。因此，告状信雪花一般飘向汴京的皇宫。况且反对派的势力恐怕远不止在地方，权钱交易的幕后，谁能确定朝中大臣甚至皇亲国戚中没有他们的利益代言人呢？

回首三年来经历的无数风雨，李谘总有一种如在梦中的感觉。想当初，奉朝廷之命在河北、陕西一带施行新法，眼看着国库收入连年递增，身为权三司使的李谘成就感倍增，一条金光大道正在面前徐徐铺开。可惜好景不长，随着改革的逐渐深入，来自各方面的阻力异常强大，最后连宋仁宗都下诏责问。面对来自各方的责难，李谘及其僚属不得不连夜起草报告，将新旧二法作详细比对，列举新法实行后的诸多成效，强调新法对国家财政的益处，宋仁宗审阅后才批准继续支持李谘的改革。但是反对的声音一直没有停歇，迫于各方压力的宋仁宗最后下令废除新法。本来指望在改革的舞台上大展拳脚，谁料皇帝一句话，就把李谘的梦想变成一纸空文。

等待李谘的远不止贬职。洪州任上不出数月，李谘以“坐不察”之罪夺职。关于这个罪名，《宋史》中是这样记载的：“行数月，而御史台鞫吏王举、勾献私商人，多请慈州矾，会计茶法不折虚费钱，妄称增课百万缗，以觊恩赏。”大意是监察部门审讯参加变法的官吏王举、勾献，得知他们勾结商人，虚报增加收入百万缗，想以此获取上边的恩赏。欲加之罪何患无辞，显然这是反对派玩的花招，但朝廷的免职文件已经放在李谘的书案上，他只能仰天长叹，满怀郁闷收拾行李回乡闲居。

从朝廷命官到一介布衣，李谘的心态到底经历了怎样的变化？不知道漫步在白水塘村田间小道的李谘，举目观望乡亲们忙碌的背影之时，是否会想起从政二十年来的波澜曲折？壮志未酬的落寞是否如头顶密布的阴云,久久未能消散?富有讽刺意味的是,数年后(1036),废除新法的恶果迫使北宋朝廷不得不请李谘复出,主持变法。只可惜第二年李谘病逝。庆历二年(1042),新法再次被废。何以至此?此前实行的"交引法"虽然缓解了粮草危机,却因经营管理等方面问题增加了大量官吏,政府需要支付大量俸禄,而且加抬、虚估导致政府收入减少,引发财政危机。作为变法实施者的李谘原想推行新法,缓解国家财政压力,没料到结果激化了与茶户、商贩的矛盾。李谘逝世后,头痛医头脚痛医脚的朝廷又恢复"交引法",陷入朝令夕改的怪圈,国力每况愈下。

宋神宗熙宁二年(1069),另一个江西人,时任参知政事的王安石在一片反对声中施行变法,史称"熙宁变法"。作为后者的前辈与乡贤,李谘的创新思维恐怕使王安石得到了某些启发。只是这一场轰轰烈烈的革新运动最后也失败了,而且使宋朝陷入党争的泥沼,不可自拔。王安石若地下有知,不知将作何感想?

二

从二十四岁考中进士,步入仕途,到五十六岁病逝于枢密院知院事任上,李谘辗转官场一共三十二年。从真宗时期的大理评事、通判舒州,到后来的太子中允、三司户部判官、开封府判官、淮南转运副使、江东转运副使、知制诰、翰林学士到仁宗时期的权三司使、中书省右谏议大夫,到变法失利后知洪州、知杭州、知永兴军,再到回京所任左谏议大夫、尚书礼部侍郎,逝世前的枢密院知院事,李谘大部分时间在地方任职,应该说对民情十分了解,对当时政府的经济发展状况也有冷静的观察与分析,所以才有后来的茶法改革。

任何改革都须在相对稳定的环境下进行。李谘考中进士的那年(景德二年),恰好宋辽之间订立澶渊之盟,此后两国之间维系了相当长时间的和平,这为他后来推行茶法革新提供了一个很好的外部环境,问题偏偏出在国内，其中一个重要原因还是最高决策者的优柔寡断。北宋自立国以来，受道家思想影响，几任皇帝都秉持“顺其自然”的治国理念，主张“无为而治”。特别是澶渊之盟后，过惯了安稳日子的皇帝根本不懂“居安思危”的道理，所以在很多问题上都没有进取意识，得过且过。李谘复出，重操变法时曾不得不请求宋仁宗下诏支持变法。后来变法遭到商人阶层的强烈反对，不了了之。那个时代，由于商业经济的飞速发展，商人的社会地位随之逐渐上升。淳化三年(992)，宋太宗曾经下诏，“如工商杂类人内有奇才异行卓然不群者亦许解送”，也就是说商人子弟也可以“登仕进之途”，解除其应举身份限制，这在“重农轻商”的前朝是无法想象的。在既有经济地位的保护下，豪商大贾总是想尽办法挤进官僚士大夫的行列中，向官僚士大夫阶层转化后，他们的政治地位得到合法承认，可以借此对茶法变革施加影响，甚至左右国家相关政策。另一方面，官俸低微导致许多官员想尽办法或贪污腐败或经商谋利，王安石曾说，“今官大者往往交赂遗营赀产以负贪污之毁，官小者贩鬻乞丐无所不为”，可见当时官员“下海”已是普遍现象，这部分人也必然成为改革的绊脚石。

李氏族谱

但凡有才华的人往往自视甚高。历史上，宋朝的文人应该活得还算滋润(除了苏轼之“乌台诗案”，但他也仅被贬黄州团练副使)，不像明清，动不动搞文字狱，并且让文人人头落地。明太祖朱元璋时期，因诗文被砍头的官员、僧人数十个；清康熙时期的“明史案”，七十余人(包括为《明史》写序的、校对的，甚至卖书的、买书的、刻字印刷的以及当地官吏)，在弼教坊同时或凌迟，或杖毙，或绞死。李谘考进士时名列第三，后在安徽、河南、湖北、南京等地任职，大小事务处理得井井有条，政绩斐然。宋真宗颇为赏识他的才干，随后提拔他为知制诰，为朝廷起草各类文件，成为皇帝身边的文字秘书。李谘就有点恃才傲物。有一次,当朝宰相寇准在他起草的文书上作了一些改动,他竟然很不高兴,吵着到地方去任职,理由是父母在家乡需要人照顾。等级森严的官场上,上级领导修改下属的公文纯属正常的办事流程,有什么大惊小怪的呢?用现在某些人的话说,李谘这是不懂规矩,属于故意找茬,但李谘偏偏不买寇准的账,把本来就看不起南方官员的寇准弄得很难堪。几番折腾之后,李谘还是“如愿”到长沙任职去了。后来碰上朝中翰林学士缺员,按才学按资格李谘是当然人选,寇准压根没把他放在眼里,拟了一个名单呈上去。宋真宗看了,把名单丢一边说:“不如李谘。”没办法,李谘给皇帝的印象太深了,那一年的进士第三名就是他钦点的。寇准心里纵有千般反对也只得把那股气咽回去,唯唯退下。

李谘任枢密直学士、知永兴军(治所在今西安)时,辖区不太平——一些官宦子弟仗势欺人,为非作歹,老百姓敢怒不敢言。人身安全都无法保障,谈什么经济发展呢?李谘到任,凡是违法且证据确凿的,不论其有多大后台,一律杖刑伺候。“新官上任三把火”,境内治安形势大为改观,百姓拍手称快。地方鱼龙混杂,各路关系千丝万缕,处理这些棘手的事务,地方长官不仅需要超人的胆略,更需要具备异于常人的政治智慧。到任前,李谘已经在多个地方政府的不同岗位任职,积累了大量从政经验,并且他虽在地方任职,级别却不低,京城官僚系统内也颇有人脉。最主要的是,宋朝中期以来,朝野上下法制观念越来越强,法律条文也比较完备,“有法必依”逐渐成为社会治理的常态。像人所共知的,比李谘略晚的御史中丞、枢密副使包拯就是有名的判案能手,人称“包青天”。李谘能够在治所内大展拳脚,依法治理,与当时政治大环境是分不开的。

西安任满后,李谘又调回京城任职。明道元年(1032),宋仁宗的皇宫内发生大火。本来这一天刚刚修好了文德殿,当天夜晚却发生火灾,火势凶猛,一路蔓延至崇德殿、长春殿、滋福殿、会庆殿、崇徽殿、天和殿、承明殿堂、延庆殿八处宫殿,宫室基本被烧毁。当时已经就寝的宋仁宗和皇太后慌慌张张跑到御花园避火灾,“上与皇太后避火于苑中”。火灾后,皇帝没了处所,只好移居到延福宫。朝廷发生这么大的事,善后事宜自然又落在时任权三司使的李谘肩上。

办公与起居场所毁于一旦,需要短时间内重新营建,从图纸设计、原料采购到组织施工,涉及诸多统筹学问题。关键时刻,五十一岁的李谘再次发挥其聪明才干,圆满完成了各项任务,堪称一代“能臣”。

三

从现存零星史料来看,李谘与当时隐居西湖孤山,人称“梅妻鹤子”的著名诗人林逋相交甚厚。

细说起来,两人相识也是机缘巧合。林逋隐居西湖之前,曾经游历于江淮一带。客居临江军时,一个偶然机遇,认识了当时正准备赴京参加考试的李谘。当时临江军人才辈出(包括官运亨通的王钦若),很多人并不认识这个身体有点单薄的年轻人,林逋却很看好他,甚至逢人就推介:“这个年轻人不简单,将来一定是国之栋梁!”有了前辈的赏识与提携,李谘的知名度一下子提高不少。这种知遇之恩,不是每个人都能碰上的。

很有可能林逋当初一句话激励着李谘不断进取,无论任职地方还是位居朝廷,他一直记在心里。只是从政以后,他一直未能前往杭州拜访,只能把向往之情掩埋在心底。二十年后,茶法革新失败,李谘贬任杭州知州,公干之余才得以寻访这位伯乐与恩人。

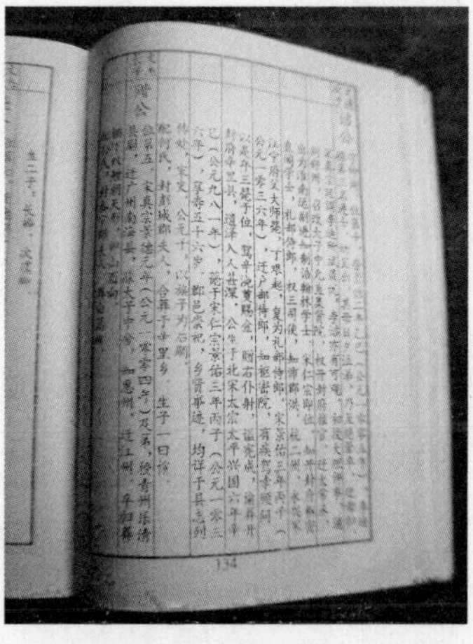
李氏族谱内文

猜想一路上李谘一定怀着莫名的兴奋——即将见到那位著名诗人,该如何表达沉淀心底许久的谢意呢?

可惜世事难料,李谘去晚了一步。登上林木葱茏、鸟鸣啁啾的孤山时,林逋已经去世数月。林间清风将李谘的官袍吹得鼓起来,思绪不禁飘向烟雨迷蒙的湖面。李谘坐在湖边石头上，再三诵读林逋的遗作："湖上青山结对庐，坟前修竹亦萧疏。茂陵他日求遗稿，犹喜曾无封禅书。"一如既往的孤高情怀。斯人已去，阴阳相隔，抚摸冰凉的墓碑，李谘的悲伤在湖水深处翻涌。

人生路上都会遇到各种意想不到的困难和挫折，压力之下往往出现两种人：一种人从此一蹶不振，另一种人愈挫愈勇，斗志昂扬。比如李谘，起伏浮沉却依然没有放弃最初的追求。是什么支撑他一路走过来的？我宁愿相信，当初林逋的那句话除了"慧眼识人"，更多的是对李谘的激励。它仿佛一团火，始终燃烧在李谘内心深处，烘烤那些数度潮湿的低迷与伤感，最终锻造出一颗钢铁般的心脏。不然，五十五岁，拖着病躯的他为何毅然接受朝廷重托，再次挑起改革茶法的大梁？

延伸阅读

李谘：生于北宋太平兴国六年(981)，卒于景祐三年(1036)。字仲询，唐太宗第三子之孙李垣之后。李垣于代宗宝应二年(763)贬死袁州，因安家新喻，遂为新喻县(今新余市高新开发区水西镇白水塘村)人。李谘少时以孝道闻名，景德二年(1005)中进士，当时宋真宗为表彰其孝行，擢第三名，成为新余历史上最早的探花。初任大理评事、通判舒州。三次召入朝廷，又多次出为地方官，历任开封府判官、淮南转运副使、江东转运副使等。再入为翰林学士，加户部侍郎，知枢密院事。相传李谘进京赴考，途经新喻仰天岗，上山朝拜仰山庙，夜梦庙神说："汝后三十年仕至公辅。"他将信将疑，到京师参加考试，果然高中探花。三十年后，李谘升任枢密院事，应验了此前的梦兆。

宋代茶法改革：宋太祖乾德二年(964)，诏令在京师、建州、汉口、蕲口各设置榷货务；五年，开始禁止私贩茶叶，不服从禁令的，按犯罪情节严重的条款处罚。太平兴国二年，修订禁止私贩茶叶的法令条例，始定出科罪的等级以处罚犯禁者。淳化二年，允许商人到种茶的园户买茶，官府在设置榷货务的茶场收取榷茶的利息，始推行贴射法。淳化四年，首次实行交引措施，停止贴射法。商人向西北边境输纳粮食即给予交引，这一措施自通利军开始实行。这一年曾罢去各地的榷货务，不久又恢复如旧。至咸平元年，茶税钱以一百三十九万二千一百一十九贯三百一十九文为定额。下至嘉祐三年，凡六十一年行用这一定额，官府的本钱及各种杂费都计算在内，中间有的年份增收，有的年份亏损，收入不固定。咸平五年，三司使王嗣宗开始创立三分法，以茶价为十分计算，四分支付香药，三分支付犀牛角和象牙，三分支付茶引；六年，又改为六分支付香药、犀牛角和象牙，四分支付茶引。景德二年，允许商人以钱、帛、金银入中，当时称为"三悦"。到大中祥符九年，茶引越来越不值钱，朝廷采纳秦州知州曹玮的建议，在永兴军、凤翔府用国库钱收购商人手中的茶引，以挽救茶引的价格。在此之前还屡次增支加耗钱，到天禧二年，镇戎军缴纳大麦一斗，本价及加耗，总共支出现钱一贯二百五十四文。乾兴元年，又改变三分法，支付茶引三分、东南现钱(到东南地区领取的现钱)二分半、香药四分半。天圣元年，重新实行贴射法。实行三年之后，茶叶贸易的利润尽归于大商人，官卖茶场只得到发黄晚采的劣质茶叶，于是诏令孙奭重新审议，废罢贴射法。第二年，追究查处先前建议复行贴射法的三司官吏，勾覆官勾献等皆判决流放沙门岛；原详定官枢密副使张邓公、参知政事吕许公、鲁肃简各罚扣一个月的俸禄；御史中丞刘筠、入内内侍省副都知周文质、西上阁门使薛昭廓及户部、盐铁、度支三副使各罚铜二十斤；前三司使李谘撤销枢密直学士的贴职，依旧任为洪州知州。皇祐三年，茶税依旧只用现钱缴纳。至嘉祐四年二月五日，又发布敕令解除茶禁。

林逋：字君复，又称和靖先生，浙江大里黄贤村人(一说杭州钱塘)。北宋著名词人。幼时刻苦好学，通晓经史百家。生性孤高自好，喜恬淡，不趋荣利。长大后，曾漫游江淮间，后隐居杭州西湖孤山。常驾小舟遍游西湖诸寺庙，与高僧诗友相往还。每逢客至，门童纵鹤放飞，林逋见鹤必棹舟归来。作地背诵了《山海经》《管子》等书中描述“駮”的章节。契丹人惊得张大了嘴巴，从此不得不对他另眼相待。

其实，上述细节不过是刘敞学问渊博的小试身手。

他史学特别是经学方面造诣很深，尤其对春秋三传有独到研究，敢于挑战前人成见，著有《七经小传》《春秋传》《春秋意林》《春秋文权》《春秋权衡》《春秋说例》《弟子记》等一百余卷。后世评价他“庆历以前，学者尚文辞，守章句注疏之学，至刘原父为《七经小传》，始异诸儒之说，王荆公修经义，盖本于原父云”，“可知自宋以后已称罕见，是编崖略幸存，固春秋家所当宝贵矣”。可见他的研究直接启发了后辈王安石的经学观，所著文章并不是一般意义上的泛泛而谈，而是发自内心的独特体会。所以《四库全书总目》评价刘敞的《公是先生集》“敞之谈经，虽好与先儒立异，而淹通典籍，具由心得，究非南宋诸家游谈无根者比”。

刘敞业余喜欢考古。一个偶然机遇，他收藏了先秦青铜鼎几十座，鼎上的铭文奇奥难解，很多人都视为天书。他把它们摆在书案上，一有空就坐在那儿琢磨，终于弄清楚了里面的内容，并借此考察了解三代制度，得出许多新的研究成果。为此，他还专门撰写了研究青铜器的《先秦古器记》。正因为刘敞广闻博记，善于钻研，所以他对出土文物具有极高的鉴别能力。有一天，长安城里有个人怀揣一把形状怪异的古铁刀登门求教，请刘敞帮忙鉴定。刘敞小心翼翼地接过刀，举过头顶反复察看，确认此刀是“十六国时期胡夏国（又称赫连夏）建立者赫连勃勃铸造的‘龙雀刀’，为稀世珍宝，一代名刀”。《晋书·赫连勃勃》载：“又造百炼钢刀，为龙雀大环，号曰‘大夏龙雀’，铭其

刘敞故里·黄土岗荻斜刘家村老屋 聂朋 摄

背曰古之利器，吴楚湛卢，大夏龙雀，名冠神都。可以怀远，可以柔逋；如风靡草，威服九区。世世珍之。"刘敞问那人刀是从哪儿弄到的，持刀人说是修筑青涧城（位于陕西延安东北，西夏与北宋的重要战场之一）时挖到的。而青涧城原属大夏管辖，由此可以证明，此刀为十六国时期胡夏国的器物。时任长安观察使李士衡收藏了一方唐代端砚，一直视为珍宝。一天，刘敞有事去李士衡府上拜访，李士衡知道他这方面是个行家，便捧出砚台请他品鉴。刘敞托着砚台，低头发现砚台底部有一段铭文："天宝八年冬，端州东溪石刺史李元书"，不禁笑了。李士衡见刘敞的笑容有点怪怪的，便问他为何发笑。刘敞说："唐朝天宝三年就已经改'年'为'载'了，哪里来的'天宝八年'呢？而且当时的'州'都称作'郡'，'刺史'都称为'太守'，唐肃宗至德年间才改郡为州的。很显然，你这方砚台是赝品。"在座客人都不相信，搬出唐书一查，才发现刘敞说的句句属实。

刘敞的博学赢得了很多人的赞誉。欧阳修业余也喜欢收藏古玩字画，考证器物真伪，并撰写了一部《集古录》，但里面大部分实物资料与铭文考释都源自刘敞。欧阳修因此发自内心地称赞他"博学好古，多藏古奇器物，能读古人铭识"，"原父博学，无所不通，为余释其铭以今文"，而且"每于书有疑，折简来问"，刘敞则"对其使挥笔，答之不停手"，以至"修服其博"。普天之下能让一代文宗佩服的人有几个？不但如此，就连朝廷礼乐仪式符不符合规范都要向他咨询——"朝廷每有礼乐之事，必就其家以取决焉。"一个人学问广博能到这种程度，除了叹服，你还能做什么呢？

二

刘敞除了学识渊博，为人正直，敢于谏言也是出了名的。

皇祐三年，曾经担任枢密使的夏竦死了，仁宗欲擅自赠给他"文正"的谥号。谥号是对死去的帝王、诸侯、大臣、贵族（包括其他地位很高的人）按其生平事迹和品德修养进行评定后，给予或褒或贬或同情的称号。时任吏

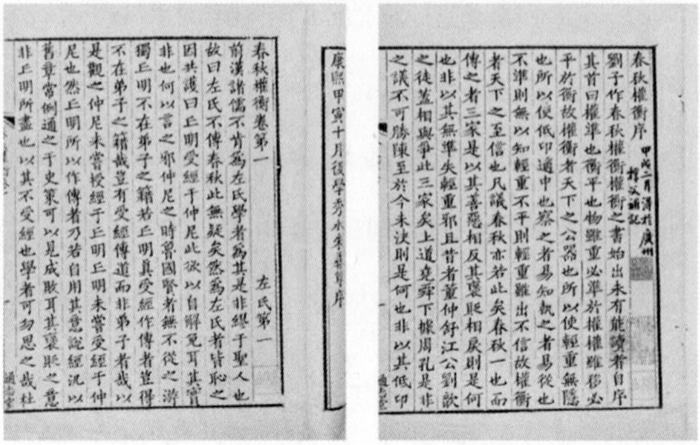

春秋權衡序

劉子作春秋權衡權衡之書始出未有能讀者自序其首曰權準也衡平也物雖重必準於權權雖移必平於衡故權衡者天下之公器也所以使輕重無隱也所以使低卬適中也察之者易知執之者易從也不準則無以知輕重不平則輕重雖出不信故權衡者天下之至信也凡議春秋亦若此矣春秋一也而傳之者三家是以其善惡相反其襃貶相戾則是何也非以其無準失輕重邪且昔者董仲舒江公劉歆之徒蓋相與爭此三家矣上道堯舜下據周孔是非之議不可勝陳至於今未決則是何也非以其低卬

康熙甲寅十月後學秀水朱彝尊序

春秋權衡卷第一　　左氏第一

前漢諸儒不肯爲左氏學者爲其是非繆于聖人也故曰左氏不傳春秋此無疑矣然爲左氏者皆恥之因共譏曰丘明受經于仲尼此欲以自解免耳其實非也何以言之邪仲尼之時魯國賢者無不從之游獨丘明不在弟子之籍若丘明眞受經作傳者豈得不在弟子之籍哉豈有受經傳道而非弟子者哉以是觀之仲尼未嘗授經于丘明丘明未嘗受經于仲尼也然丘明所以作傳者乃若自用其意說經汎以舊章常例通之于史策可以見成敗耳其襃貶之意非丘明所盡也以其不受經也學者可勿思之哉杜

刘敞《春秋权衡序》

部南曹尚书考功（掌官吏考核监察的官员）刘敞知道此事后，上书仁宗说："加赠谥号是有关部门的职责，赐赠夏竦也不例外；况且夏竦这个人生前品行怎样，大家心里都很清楚，现在各部门都应当各尽其职，皇上您这样做是代行了他们的职责，恐怕不妥当吧？""庆历新政"期间，夏竦曾串通保守势力到处煽风点火，散布范仲淹、富弼、欧阳修等人结为"朋党"的流言，还勾结太监在仁宗面前进献谗言，诬陷范仲淹私树党羽，最后假仁宗之手，将范仲淹、韩琦、富弼、欧阳修等人逐出朝廷，短暂的改革宣告失败。随后，刘敞就此事反复上奏，劝谏仁宗，仁宗听了只好改"文正"为"文庄"。

仁宗的爱妃张贵妃死后，被追谥温成皇后，一些喜欢溜须拍马的大臣趁机奏请仁宗，建议更改旧礼，把她逝世那天作为全国的忌日。刘敞上疏说："陛下怎么能因为是自己亲近喜爱之人的缘故而改变、超越原来定下来的礼仪呢？"言下之意，天子在礼仪方面也不能搞特殊化。仁宗自知理亏，就没再采纳那些人的意见。嘉祐年间合祭祖先，群臣提出要为皇上加尊号，宰相也请求为此撰表议诏，只有刘敞反对这样做，但大家都不听他的。于是，他急匆匆地进宫劝说："陛下不受徽号且二十年。今复加数字，不足尽圣德，而前美并弃，诚可惜也。今岁以来，颇有灾异，正当寅畏天命，深自挹损，岂可于此时乃以虚名为累？"——前番二十年都没受徽号，这本是彰显圣德的好事，何况灾异之年，更不应该让虚名成为累赘。话说得句句在理，仁宗没理由不采纳。当然，这里面也存在一个皇帝能否听得进忠言的问题。假如那时的仁宗听不进刘敞的谏言，一意孤行，会有什么后果？有忠臣，更要有明君，二者相辅相成，才有政治清明，家国兴旺。

对真正有才华的正人君子，刘敞总是想方设法加以保护。吴充因上疏议论温成皇后追封谥号一事被贬高邮，“三科状元”冯京为他鸣不平，也被免职。刘敞上朝极力为他们说话。仁宗说：“吴充确实有做官的才能，冯京为人也很好，没有什么过失。只是中书省某些官员厌恶他性情过于耿直，不好相处。”刘敞立刻回答：“陛下您宽厚仁德，善于纳谏，而中书却排斥那些敢于进谏的人，这不明摆着蒙蔽君主的圣明，阻止君主发扬美德吗？”仁宗细细一想，认为刘敞说得不无道理，便深切地采纳了他的意见。军人出身、曾经立下赫赫战功的枢密使狄青是当时很多人心中的偶像，以至他每次出行，围观者水泄不通，争着一睹他的勇武形象，坐骑因此被困在人群中，经常耽误上朝。素来宠爱狄青的仁宗听了心里也有点泛酸——这样下去，狄青的威仪岂不高过朕了？刘敞在一边看出苗头，就建议朝廷让狄青到地方任职。这样做的目的很明显，一方面免除皇帝对狄青的猜忌，其实也是一种保护。

三

治平年间，刘敞先后在扬州、郓州任职，时间虽然短暂，却深得百姓爱戴。

扬州有个地方叫“雷塘”，原来都是农田，后来官府征用，挖沟蓄水，试图用于漕运，却不给田主另外划拨耕地。田主们由此失去谋生的根本，怨声载道。过了一段时日，由于雷塘四处决口，无法漕运，官府又废沟为田，几番更改，浪费大量人力物力。刘敞到任后，主张依照原来田契上的数目，把土地全部返还给田主。不料发运使（官名，主掌水陆运输）从中作梗，认为朝廷征用的农田无须全部归还。恢复耕地还占着不给田主，这就有点以势压人了。想想那些求告无门、愁眉苦脸的田主，刘敞便与发运使几番交涉，据

墨庄刘氏祠堂

理力争，最终把地全部还给田主。俗话说“当官不为民做主，不如回家卖红薯”，刘敞深知土地是老百姓的命根子，而百姓才是官员的衣食父母，用时髦话来说——“官员都由纳税人在供养”，不把群众利益当回事是官员最大的失职。

刘敞转任郓州知州时，由于此前官员不作为，当地几乎处于无政府状态，光天化日也有人抢劫、盗窃，老百姓没有一点安全感。经过一番艰苦细致的调查后，刘敞迅速颁布一系列政令条例，查办了一批大案要案，秉公审理，赏罚分明，治安形势才得以扭转。有个生意人在寿张境内不小心遗失一个钱袋，那人心想这下八成找不回了，谁知沿路寻找，竟发现有人守着自己丢失的钱袋整整一个上午。核对钱的数目后，生意人领回钱袋，一问那人才知道，是里长命他守在这儿等候失主的。还有一人，一天晚上有个东西搁在市场一个摊位上，第二天早上去找，东西完好无损地待在原处。一个地方真正能做到“路不拾遗”，当然源于普通百姓的道德修养已经达到非常高的水准，而作为主政官员的刘敞，又花费了多少心血呢？

刘敞知永兴军时，有个地头蛇叫范伟，仗着自己有后台，贪污同姓各户五十年的赋税，而且数次违法，官府也不敢动他。刘敞去了以后，查清他的犯罪事实后，不管三七二十一，将他收押在监狱里，范伟也对自己的违法事实供认不讳。正准备给范伟用刑，刘敞却接到调令回京师任职。刘敞一走，狡猾的范伟立马翻供。百姓们傻眼了，心想这下完了，范伟要是放出来，大家就没法安生了。其实刘敞走后一直没有忘记这个案子，反复交代继任官员，要秉公处理。案子最后报到御史那儿，还是将范伟绳之以法了。换了别的官员，调任他处可能就不会再管这号事，刘敞不然，因为他觉得主持公平、伸张正义不分时间与地点。

四

回顾刘敞一生，官虽做得不大，但尽职尽责，以自己光明磊落、正直敢言的人格魅力赢得许多人的称赞。《历代名儒传》评其“居官以风节自励,上则谏止尊号,以正其君,下则考核谥法,以正其臣”,可谓公允。一个人一辈子,随着外部环境不断变化,往往因禁不住各种诱惑而渐渐迷失自己,愈走愈远,最终变得面目全非。时空浩渺,芸芸众生之中能够坚持做人的原则和底线,定力十足而“岿然不动”的人又有多少呢?

延伸阅读

刘敞:生于宋真宗天禧三年(1019),卒于熙宁元年(1068)。临江新喻(今樟树市黄土岗荻斜村)人。北宋史学家、经学家、散文家。字原父,世称公是先生。刘敞自幼聪明,勤奋好学,精读经书。庆历六年与弟刘攽参加丙戌科会试,同中进士。刘敞廷对时本为第一,因编排官、翰林学士王尧臣系刘敞的内兄,为避嫌疑,宋仁宗将刘敞列为第二,将河南邓县贾黯列为第一。刘敞进士及第之后, 以大理评事通判蔡州 (今河南汝阳县)。庆历八年(1048),因父亲去世,请假回家守丧。皇祐三年(1051)守服期满,奉召还朝,试学士院,迁太子中允、集贤院。第二年,任吏部南曹、考功员外郎。同年八月,权判三司开拆司。皇祐五年(1053)四月,又权三司度支判官。至和元年(1054)八月,同修起居注,九月召试,迁右正言、知制诰。次年八月,出使契丹一年。还京后,出知扬州(今江苏扬州市)。不久又迁起居舍人,知郓州(今山东东平县),兼京东西路安抚使。接着又召返,纠察在京刑狱,并曾主试嘉祐四年(1059)的礼部考试。后因吕溱犯有过失被贬,刘敞认为吕溱过轻而朝廷罚重,与台谏官多次争论,得罪了许多人。于是有的官员与执政宰辅合力攻击刘敞。刘敞自知不能在朝廷立足,适逢永兴军(在今陕西西安市)缺编,刘敞便主动请求出守永兴军。于是以翰林学士充永兴军路安抚使,兼知永兴军府事。嘉祐八年(1063)八月,奉召还朝,判三班院,徙判太常寺。英宗即位后,侍英宗讲读,深得英宗嘉许。刘敞多病,要求出守外郡,遂出知汝州(治今河南临汝县)。治平三年(1066)召还,但刘敞已病重,不能上朝，于是改集贤院学士、判南京(今河南商丘)留守司御史台。

庆历新政：宋仁宗庆历年间(1041—1048)的一次改革，因领导者为范仲淹，故又称范仲淹改革。其目的在谋求整顿官僚机构，增强北宋国力。宋仁宗采纳范仲淹等人的革新主张，着重对吏制、职田、科举、学校、赋役等进行改革。但因改革措施"太猛""更张无渐""规模阔大"，思想动员不够，配套措施也不到位，对罢黜官员的安置没有着落，农民没有在新政中得到立竿见影的好处。同时，新政触犯了一些贵族官僚的特权，所以遭到激烈反对。革新派范仲淹、富弼、余靖、尹洙、欧阳修、苏舜钦等被诬为朋党，遭到排挤。新政施行仅一年，即以夭折告终。庆历改革失败后，社会矛盾并未缓和，土地兼并日益严重，冗兵资费更是加倍，民族矛盾又十分尖锐，宋廷财政空虚，就拼命进行搜刮，庆历年间农民和士兵的斗争刚刚下去，各地农民又开始新的斗争。嘉祐四年四月，刑部官僚上报说，由于民贫乏食，一年当中曾发生"劫盗"九百七十起之多！在这种情况下，要求改革的呼声此起彼伏，一场更大规模、更为深刻的改革运动已在酝酿之中，这就是王安石变法。庆历改革对熙宁时王安石的改革产生了直接的影响。王安石的熙宁变法是在庆历新政的基础上扩大和深化的。

狄青：北宋名将，字汉臣，汾州西河(今山西)人，面有刺字，善骑射，人称"面涅将军"。他出身贫寒，宋仁宗宝元元年(1038)为延州指挥使，勇而善谋，在宋夏战争中，他每战披头散发，戴铜面具，冲锋陷阵，立下卓越战功。朝廷中尹洙、韩琦、范仲淹等重臣都与他的关系不俗。范仲淹授以《左氏春秋》，狄青因此折节读书，精通兵法，后以功升枢密副使。平生前后二十五战，以皇祐五年(1053)正月十五夜袭昆仑关最著名。狄青生前备受朝廷猜忌，导致最后抑郁而终；死后却受到了礼遇和推崇，追赠中书令，谥号"武襄"。

史官也疯狂——刘攽

一

大宋神宗熙宁年间，江西临川人、宰相王安石在皇帝的鼎力支持下大刀阔斧地主导变法，期望实现“富国强兵”的伟大政治理想。

谁曾想一系列改革措施颁布后，变法却遭到以司马光为代表的诸多重臣的强烈反对。那段日子，王安石和他的同僚们一边督促变法的实施，一边与变法反对派中坚人物司马光展开针锋相对的辩论，真可谓日理万机，心力交瘁。尤其使他万分尴尬的是，反对派中居然包括私交甚厚的同乡，国子监直讲(国立大学教授)、著名史学家刘攽。二人年纪相仿，且都是江西临江军人，按同乡之谊，刘攽应与王安石立场一致，或者至少保持中立，岂料他也像司马光一样，写一封长信给王安石，把人家费尽心血制定出来的新法批驳得一塌糊涂。此举肯定让王安石的内心翻江倒海。

早在宋仁宗嘉祐三年(1058)，素怀济世之志，担任度支判官的王安石就曾向皇帝呈上万言书，对当时官制、科举和奢靡无度的不良社会风气作了细致描述，请求朝廷改革政治，加强边防，并提出“收天下之财，以供天下之费”的理财原则。这篇才华横溢、有理有据的宏文虽没能引起最高统治者的重视，却激发了另一个皇室读者的兴趣，他就是后来的神宗赵顼。

刘攽雕像

赵顼即位之后面临国库空虚的窘境,《宋史·食货志》载,至治平二年(1065),财政亏空已达1570多万。怀揣"思除历世之弊,务振非常之功"远大政治理想的赵顼马上想起当初万言书的作者王安石,思谋着正好用他作为推行改革的先锋、振兴大宋的良材。于是不到两年,王安石的职位一路飙升:从江宁知府到翰林学士,直至参知政事、宰相,由变法的鼓吹者一下子晋升为变法的实施者。紧接着,自熙宁二年到熙宁九年,王安石和他的助手们雷厉风行地颁布实施了均输、青苗、农田水利、募役、市易、方田均税、将兵、保甲、保马等一系列新法。

变法实施后,财政收入大幅增长,有效缓解了神宗即位之初的经济困难,但由于种种原因,变法的弊端也逐一显现,反对之声不绝于耳。这样,整个变法的过程就逐渐演变成了正反两拨官宦的激烈博弈。比如青苗法规定,国家在春夏粮食未熟时借钱给农民,待收成后加十分之二利息,随原有夏秋两税还钱,本意是让农民在新陈不接之际不至于受地主高利贷盘剥,名义上"散惠兴利"、抑制兼并,事实却是朝廷在放高利贷,而且实施过程中许多地方出现强制借贷现象,以致民怨沸腾。反对派获知下情后,怀疑和阻止青苗法的声音便愈来愈强。司马光批评青苗法实行时出现"不问民之贫富"而强行"抑配"(摊派)情况,在给王安石的信中说"今之散青苗钱者,无问民之贫富,愿与不愿,强抑与之,岁收其什四之息。谓之不征利,光不信也"。并且当朝质问新法干将吕惠卿"平民举钱出息,尚能蚕食下户,况县官督责之威乎?"大名府知州韩琦上疏反对青苗法,说"官放息钱,与初抑兼并、济困乏之意绝相违戾,欲民信服,不可得也"。明确指出青苗法的实施与改革初衷背道而驰。华丽锦绣的朝堂,空气中弥散着剑拔弩张的沉闷。

两派官员吵得不可开交时，出身诗书世家的刘攽也写信反对新法，想来并非一时心血来潮，故意跑出来搅局。凭借二十年的基层任职经历，我猜想通晓民情的他肯定收集了一定证据，才写下那封令老乡兼好友王安石恼怒不已的信吧。

生性固执的王安石已经将是否赞成改革作为升降官员的唯一标准，他听不进任何逆耳之言，一门心思要将改革大计进行到底。有最高统治者的支持，他对改革的未来怀抱十二分信心。

“及王氏排众议而行之甚力，诸公始退散”，王安石收到刘攽的信件后，二话不说，立即把他下放为泰州通判（后改任曹州知州）——他必须将改革的绊脚石一颗一颗清理出去。

虽然围绕变法的实施双方各执己见，势同水火，但双方却能做到政治立场归政治立场，朋友情谊归朋友情谊，让人很是诧异。刘教授闷闷不乐地前往泰州任职那天，把他赶出京城的王安石大人前去送行，并且赋诗《送刘贡父赴泰州清水》一首，十分真诚地称赞他“笔下能当万人敌，腹中尝记五车书”。之前，这位“拗相公”还经常在同事和朋友面前夸赞：“吾在京师心服者二人，攽与吕公著（熙宁变法的主要支持者吕惠卿）是也。”王安石虽然恼恨司马光的处处为难，却依然由衷地称赞他“司马君实，君子人也！”有人怂恿司马光弹劾王安石，把他弄下台。司马光一口回绝说，介甫倡导变法是为国家经济着想，并没有谋取任何私利，我为什么要弹劾他？面对如日中天的王安石，司马光毫不犹豫地选择了退让——回陕西老家编写史学巨著《资治通鉴》。

二

宋仁宗庆历六年（1046）对荻斜墨庄来说是一个喜庆的年份，她的两个后裔——二十三岁的刘攽与胞兄刘敞同中进士，后者本为廷对第一，因编排官、翰林学士王尧臣系其内兄，为避嫌疑，屈居第二。王安石高他们一届，庆历四年进士及第,而且那一年王安石也才二十三岁,正值壮志凌云的青春年华。论学历,刘攽应该叫王安石一声师兄。同胞兄弟同年荣登金榜,一定收获了四海之内寒窗学子们大片艳羡的目光吧。

历史上,北宋中期是一个群星璀璨的时代,活跃期间的欧阳修、王安石、司马光、苏轼、曾巩……都是大腕级人物。在这些大名鼎鼎的文人墨客之中,来自江西临江军的刘攽因才华横溢且独具个性,在历史上留下鲜明一笔。

中国历史上真正尊重读书人的皇帝不多,宋朝开国之君赵匡胤可算一个,据说他为此还立下"不杀士大夫"的誓碑。我想,正是那个较为宽松的政治环境造就了一个毕生追求"真我"的刘攽吧。

进士及第后, 刘攽一直在地方任职, 辗转二十年, 四十岁始升任京官——国子监直讲(相当于国立大学教授),同知太常礼院。后因致信王安石,反对其主持的变法,被贬泰州、曹州、衮州、亳州、衡州等地,直至哲宗初年,新法被废,朝中势力重新洗牌,才召回汴京任职,六十七岁卒于中书舍人任上。

王安石雕像

纵观刘攽一生, 最大的成就便是协助司马光编撰史学巨著《资治通鉴》。《资治通鉴》共294卷,他一人就编修了其中184卷,可谓功勋卓著。司马光当时评价这位得力助手:"研精极虑,穷竭所有,夜以继日。编阅旧史,旁采小说,简牍盈积,浩如烟海。抉擿幽隐,校到毫厘。"一个极度认真负责的学者形象跃然纸上。此处,刘攽给人的印象是一个终日埋首于故纸堆的,思维严谨、不苟言笑的学问家。但是,细细梳理一些史料之后, 我们却能还原一个性格独特的江南文人形象。且从其与王安石、苏轼等人的交往中搜寻些许蛛丝马迹。

刘攽与王安石年龄相仿，一个是满腹经纶的学者，一个是炙手可热的政界明星，又是江西同乡，按理说应“惺惺相惜，相扶相携”，但因为刘攽幽默滑稽、不拘小节的性格与王安石的古板、执拗形成鲜明反差，加上后来刘攽反对变法，二人却始终维系着政敌与挚友合为一体的奇特关系。

刘攽喜欢捉弄人。

一天，刘攽去拜访老乡，不巧碰上王安石在吃饭，下人把他请到书房。刘攽东瞧瞧西看看，走到王安石办公桌前，发现砚台下压着一篇文章，墨迹未干，显然是刚刚写完的一篇草稿。取出来仔细一读，原来是一篇论兵之文。刘攽的记忆力超强，只看一遍，里面的内容便记住了。把文章放归原处后，刘攽转念一想，我一个下属参拜堂堂执政，就这样毛手毛脚地翻看人家的东西，没有礼貌哇，便连忙出来，站在侧室等候。王安石饭后请他坐下说话，两人喝着茶，相谈甚欢。聊了好一会儿，王安石问他：“最近在做什么文章？”刘攽眼珠一转，回答说：“前几日做了一篇论兵法的文章，惭愧的是还没写完。”王安石饶有兴致地问：“写的什么内容呢？”刘攽站起来，摇头晃脑地将刚才读过的文章抑扬顿挫地复述 遍。工安石听了大吃一惊，沉默不语，心想好不容易做了一篇文章又与别人重复了。刘攽走后，王安石把刚才写的文章揉成一团扔到窗外。原来，王安石对自己的文章要求甚严，每篇必定要别出心裁，与众不同。现在见刘攽的文章和自己那篇内容相似，只好废掉，另起炉灶了。刘攽得到这个消息后指不定在哪儿偷笑不已。只是这个玩笑开得太大了，一不小心开掉了王相爷一篇奇文。王安石要是知道他事前玩了这手，不气得吐血才怪呢。

又一次，王安石与刘攽一块吃饭。三杯酒下肚，王安石问：“孔子为什么不吃生姜呢？”刘攽略略想了一下，笑答道：“药书上说生姜吃多了影响大脑，道不是用来开启百姓智慧的，而是用来麻痹他们的思想的，孔子是用道来教育人的，所以这么说。”王安石听了很高兴，心想刘攽果然博学多闻，这下我又长了不少见识。几天之后细细琢磨又觉得不大对劲,才意识到那是刘攽借机戏弄他。

王安石的弟弟王平甫也是刘攽嘲弄的对象。身材魁梧、英俊潇洒的翰林学士王平甫,每到夏天上班时,刚下马便汗如雨下,官服都湿透了。刘攽见状,嬉笑着说:"您才是名副其实的'汗淋'学士啊。"左右听了无不掩袖而笑。

作为朋友,私下里开点玩笑,王安石可能不会放在心上;但是工作场合,刘攽仍然与他抬杠,让他下不了台,矛盾日积月累,王安石自然不会善罢甘休。

王安石担任侍讲官时曾向皇帝请求坐着讲课,这个提议也不是毫无道理——毕竟站着讲课时间长了也很累嘛。刘攽却反驳道:"侍臣讲论于前,不可安坐,避席立语,乃古今常礼。君使之坐,所以示人主尊德乐道也;若不命而请,则异矣。"站着为皇帝讲课是古今常礼,即使你王安石想偷懒(坐着),也得皇帝提出来才对。皇帝提出来表示他尊师重教,你当老师的主动提要求就不对了。结果是"礼官皆同其议,至今仍之"。刘攽获得了舆论支持,皇帝的痒处也搔中了,却掐灭了王安石想改革惯例的一丝火苗。本想在陈旧的体制上动个小手术,结果却碰了一鼻子灰,王安石的郁闷可想而知。

神宗上台后,一心想施行变法的王安石终于等来了一个机会——年轻的皇帝任命他为参知政事,全面推行变法。

科举改革是王安石新法里一项重要内容。王安石坚持"欲一道德则修学校,欲修学校则贡举法不可不变"。刘攽却坚决反对,"本朝选士之制,行之百年,累代将相名卿,皆由此出,而以为未尝得人,不亦诬哉。愿因贯旧,毋轻议改法。"更出格的举动在后头。改革施行之初,礼院廷试罢诗、赋、论三题,改试时务策,王安石得力助手吕惠卿任主考官时,把支持新法的应试者列入高等,反对新法的一律划为下等。轮到刘攽任主考官,他二话不说,重新复核并排定等次,明摆着是与主张创新求变的王安石唱对台戏。

如今再来评判王安石当初的变法,固然存在诸如宣传不到位、操之过急、政策执行不力等弊病，但他的出发点是试图解决国家当前面临的种种问题和矛盾。变法伊始便遭到司马光等保守派的反对和阻挠，那段时日，王安石一定深深体会到什么叫“势单力薄”。作为同乡兼好友，王安石当然希望得到刘攽的支持，这样，主张变法的阵营中又添一员大将，舆论对自己有利。尽管当初觐见神宗时也曾喊出“天命不足畏，祖宗不足法，人言不足恤”的豪言，待到真正推行变法，将遇到各种各样的阻力和障碍。事实证明也是如此。退一步讲，你刘攽不支持我也罢，你就中立，作壁上观总可以吧。岂料，这个恼人的刘攽竟公然与变法主导者参知政事王安石作对。旧恨新仇郁积之际，生性执拗的王安石自然要修理修理这个不听话的江西老乡了。于是，做了几年京官之后，刘攽又下放地方任职了，而且是盗贼猖獗的曹州。

王安石变法的主要对手是司马光，而刘攽正是《资治通鉴》写作班子中的一员干将。是不是因为这层关系，刘攽站在司马光一边，而与改革派势不两立呢？按照刘攽率性而为、不喜伪饰的处世风格来看，这个理由不能成立。因为就连同事、《资治通鉴》编撰者之一的刘恕（江西高安人），也曾遭受刘攽犀利无比的“幽默”。

某日，刘攽问坐在对面的刘恕：“听说你前些天冒着大雨去州西，去干什么呢？”刘恕回答：“丁大人那天恰好有空，去他家的客人也不多，所以冒雨前去拜访。”刘攽笑问：“丁大人刚到刑部任职，你就如此着急地找他，是不是犯了什么事有求于他呀？”刘恕的脸顿时涨成猪肝色，指着刘攽的鼻子大骂道：“你他妈把我刘恕看成什么人了？”刘攽这次没占到什么便宜，后退几步，十分尴尬地说：“我刚才只不过和你开个玩笑，干吗发那么大火呢。”只是刘恕并无谅解他的意思，从此对他爱理不理。其实，刘恕那次真的有事找丁大人帮忙，只是生性诙谐的刘攽不晓内情，正好撞到枪口上了。连朝夕相处的同事都随手拿来开涮，刘攽的率真可见一斑。对于王安石的变法，刘攽自然想到什么就说什么，哪管什么老乡和朋友呢。

刘攽经常拿别人当笑料，人家也会“以牙还牙”。他晚年患病，须眉脱落，鼻梁断坏，相貌丑陋。一日与苏轼等人小聚，几位都是饱读诗书的风雅之士,免不了吟诗作赋。不知是谁提议,各自化用古人一副对联状写席间人士。苏轼形容刘攽:“大风起兮眉飞扬,安得猛士兮守鼻梁?”众人对刘攽挤眉弄眼,继而大笑不已。刘攽一时语塞,尴尬万分。

时人评价刘攽多赞其才华:如苏轼向哲宗推荐刘攽时说他“博记能文……身兼数器”。曾巩称刘攽“强学博繁,超绝一世”。刘攽做事严肃认真,真正体现学者风范,前述司马光对他的评价就是明证。关于他的为人处世,《宋史·刘攽传》用一句话作了概括:为人疏俊,不修威仪,喜谐谑,数用于招怨悔,终不能改。大意是说这个人从来不摆官架子,也不拿腔拿调;说话幽默,喜欢戏弄人,为此得罪了不少人,但就是改不了这个臭脾气。

在等级森严的官僚体制中,成天面对那些正襟危坐的同僚以及枯燥无味的公文,刘攽率性而为,不羁的人生始终焕发“真我”的光彩,映照着历史的一角。如果说,一个人步入社会即意味着在所谓“文明”的驯服下被迫一层一层地褪去野性的壳,那么,刘攽无疑坚守了最初的“本我”,这恰恰成为许多人一辈子无法企及的高度。

三

皇皇史学巨著《资治通鉴》的主编是陕西人司马光,后世铭记的也只有司马光一人,却不知道夜以继日搜集资料,挥笔起草的诸如刘攽、刘恕、范祖禹一干人等。

这部长达三百万言的史书,刘攽不仅负责战国秦汉部分编写,还为司马光删定《前汉记》,整理《后汉记》和《魏记》,并起草魏至隋部分,引用史料达300余种。除了《资治通鉴》外,刘攽独立完成的著作还有100卷。其中,最有代表性的史学著作有《东汉刊误》4卷、《汉宫仪》3卷、《经史新义》7卷,《五代春秋》15卷、《内传国语》20卷等多种。

如果不是因为反对王安石的变法,《资治通鉴》能否成书也许要打上一个问号。神宗熙宁年间,司马光因变法一事数次与王安石展开激烈辩驳,见王安石不听劝阻，一意孤行，他只有上疏请求外任。熙宁四年(1071)，司马光判西京御史台，此后十几年间，他潜心修撰《资治通鉴》，不问政事。政治上的失意却成就了一部伟大史书，很多事情就在阴差阳错间发生。那时，刘攽正值盛年，并且也因为反对变法而外放地方任职。相同的政治立场，相似的仕途遭际，加上刘攽学问渊博、才思敏捷，司马光自然十分欣赏，便将他招进写作班子。

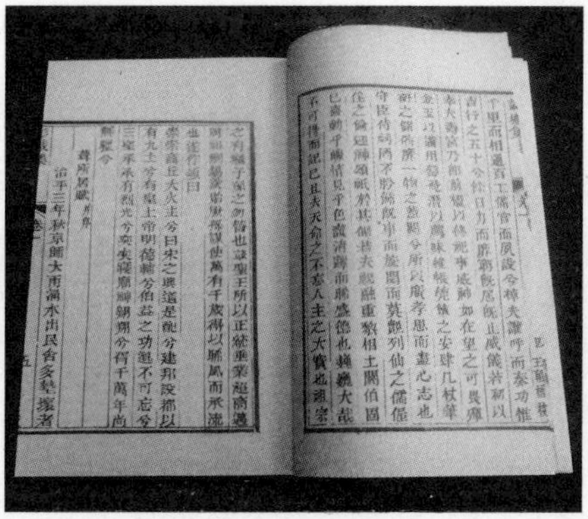

刘攽著《彭城集》

刘攽被王安石逐出京城后，先后任曹州知州、开封府判官、京东转运使以及兖州、亳州等地知州，一边处理政务，一边协助编撰《资治通鉴》，期间艰辛可想而知。那时候不像现在通信发达，商讨写作事宜只需互发电子邮件，方便快捷；搜寻资料也可以上网轻轻一点鼠标。主编司马光远在洛阳，交流观点或讨论某些细节问题就只有通过书信了。我猜想，寂寞的刘攽看见送信的驿马时一定兴奋得手舞足蹈吧？夜深人静之际，纸窗上映着刘攽奋笔疾书的身影，书案上堆积着几叠厚厚的书稿。

治史之人，不仅需要渊博的知识、开阔的视野，更须具备严谨的思维及一丝不苟的工作态度。工作中的刘攽应该是精力高度集中，不敢有半点含糊。像川剧中的变脸一样，其他场合，刘攽又成了一个言辞犀利，喜欢搞笑的“嬉皮士”。如此反差极大的性格竟然隐藏在一个人身上，看似非常奇特却又合乎情理。仔细一想，哪个人的性格没有两面性呢？有的人在外面软弱老实，回到家里却成了霸王一个；有的人和生人接触时笨嘴笨舌，词不达意，和熟人在一起却口若悬河，常常一讲几个小时；有的人在同事朋友面前能说能干，很有主见，回到家里在老婆面前却俯首帖耳，温顺得像一头绵羊。不同情境和场合往往能触发人性的不同侧面。刘攽的幽默搞笑或许正是为了调节枯燥沉闷的史学研究！

刘攽生活的年代相对来说环境比较宽松,围绕熙宁变法,正反两派人物虽然观点针锋相对,但相互之间并未进行你死我活的争斗,反对派至多被贬基层任职,改革派也没有遭受人身攻击。苏轼虽因"乌台诗案"蹲了一百零三天大狱,到底没有送掉性命,换在以大兴"文字狱"著称的朱元璋、雍正手里恐怕早就身首异处了。正是因为宽松的社会环境允许个人性格的充分展现,我们才能看到一个个鲜明有趣的人物,在暗黄的线装书中嬉笑怒骂。

和刘攽生活的北宋初期相似, 魏晋时期也为知识分子充分展露个性,张扬才华提供了舞台。那些谈玄论道,随性而为的文人被后世称之为"名士"。

一部《世说新语》,让我们真切领略到什么是名士风度。

"王子猷居山阴,夜大雪,眠觉,开室命酌酒,四望皎然。因起彷徨,咏左思《招隐诗》。忽忆戴安道。时戴在剡,即便夜乘小船就之。经宿方至,造门不前而返。人问其故,王曰:'吾本乘兴而行,兴尽而返,何必见戴?'"辛辛苦苦坐了一夜船,到了朋友家门口却掉头回去,只在乎一路上的兴致,人见没见着无所谓,真是活得洒脱。还是他,"王子猷作桓车骑骑兵参军。桓问:'卿何署?'答曰:'不知何署,时见牵马来,似是马曹。'桓又问:'官几马?'答曰:'不问马,何由知其数?'又问:'马比死多少?'答曰:'未知生,焉知死?'"担任"骑兵参军"一职,对长官的问询不但不毕恭毕敬、老老实实地回答,还学究气十足地引用孔圣人的话反诘。官职对于王子猷来说无足轻重,仿佛一团随时可以丢弃的废纸。"竹林七贤"之一的阮籍,其惊世骇俗的举止更是令人钦佩。"阮籍嫂尝还家,籍见与别。或讥之,籍曰:'礼岂为我辈设也。'"嫂子回娘家,做叔叔的却与她谈笑风生地道别,礼教能够束缚旁人,在率性而为的阮籍面前却形同虚设。阮籍母亲去世时,好朋友裴楷前去吊唁。结果阮籍喝得酩酊大醉,倒是裴楷礼貌性地跪在灵前哭了一番。众人对于这种疯狂出格的举动迷惑不解,裴楷的解释是:"阮方外之人,故不崇礼制,我辈俗中人,故以仪轨自居。"一个人的行为举止不容于世俗规范,难得的是居然还有像裴楷这样“通情达理”的人。

据说王安石后来变法失败退居金陵，临走时很多官员前去饯行，虽说的都是一些“保重”之类的官话套话，对于失意万分的王安石终究是一种安慰。独后来闻讯赶到的刘攽，硬是借机狠狠地调侃了王安石一把——因当时正闹蝗灾，便在人家书屏上题诗一首：青苗助役两伤农，天下嗷嗷怨相公。惟有蝗虫偏感德，又随车骑过江东。费尽心血力倡变法，想不到换来这样的结果，黯然离开曾经繁华的舞台本已伤心之至，岂料还有人不依不饶，偏往伤口撒上一把盐。个性执拗的王安石看了此诗后不知是当场反唇相讥呢，还是一言不发地坐上马车黯然离去？

四

据地方志记载，“及安石执政，翼其（刘攽）助己，数使人谕，意不肯就，且贻书论新法不便。”王安石上台执政时是否派人向刘攽传达希望其助一臂之力的信息，现已无法考证，或许只是后辈的借题发挥。但我想，改革处在风口浪尖的关口，多一个人就多一分力量，刘攽若能支持变法，何尝不是王安石梦寐以求的呢？

后世追溯变法失败缘由时，常常论及王安石的用人失当，这是隔岸观火。试想，以王安石“一条道走到黑”的性格，做事不可能半途而废。皇帝下放权力与他，他当然任用那些支持变法的官员，罢黜反对派。不然，何以推进变法？假设王安石事前做一番广泛深入的基层调研，假设王安石耐心细致地做变法前的思想动员，假设王安石用人知人善任，变法至少不会遭遇那么多非议。但要是那样，王安石就不是王安石了，这段历史公案也不会因为当事人的独特性格而引发诸多争论。王安石与刘攽，人才碰见人才，并且都是有锋芒有棱角的人，互不买账，当然没法走到一起。以刘攽的个性，即便与司马光一起编撰《资治通鉴》，谁知道他有没有把玩笑开到主编头上呢？有没有是另一回事，关键看作为上司的司马光有没有足够容人的雅量。

民国时期军阀混战，民不聊生，却有不少铁骨铮铮的文人敢于面对强权，以自己的才气、骨气与傲气为那段昏暗的历史书下亮丽一笔。以笔为投枪的鲁迅先生不必说，还有总统府门前大骂袁世凯的章太炎，当面指责蒋介石为新军阀的“狂人”刘文典，藐视豪门敢于直言的“傅大炮”傅斯言。当过蒋介石老师的著名学者马寅初更是敢说敢做，留下一个正直文人的高大背影。他一生主张“言人之所不能言，言人之所不欲言，言人之所不敢言”。1940年的一天，马寅初对陆军大学将官作题为“抗战财政问题”的讲演，指出抗战时期危急关头，本应全民抗战，有钱的出钱，有力的出力，但现实却是下等人出力，中等人出钱，上等人既不出钱，也不出力；还有一种“上上等人”，依靠他们的权势从事外汇投机，大发国难财。慷慨激越，矛头直指孔、宋等国民党上层贪腐集团，狠狠拍了老虎屁股一巴掌。随后的一次讲演中，马寅初更是指名批评蒋介石“充其量是个家族英雄，因为他庇护他的亲戚家族，危害国家民族……”1958年，马寅初的《新人口论》饱受一批御用文人的集中批判，甚至领袖亲下战书，泰山压顶，但年逾古稀的他在《重述我的请求》一文中毅然写道：“……我虽年近八十，明知寡不敌众，自当单身匹马，出来应战，直至战死为止，绝不向专以力压服、不以理说服的那种批判者们投降。”堪称一匹坚持真理、勇敢无畏的“战马”！

古今中外，有才之人总是因为专注于某一方面而忽略或不在乎其他方面的修养，经常因为坚持独立自由的见解显得格格不入，成为鸡群中的一只鹤，成为遭受围攻的目标。所不同的是，在围攻之下，有的人做了俘虏，从此沉入人海；有的人终其一生未曾变色，傲立于史册。

人在儿童时期天真烂漫，心地单纯，时常真情流露，长大后，随着阅历的增长，个性逐渐泯灭，变成四面见光的好好先生。在众人眼中这是一个人走向“成熟”的标志。回首往事时，人常常为曾经的率性而为感到羞愧，觉得那是莽撞无知的表现。其实，一个人不断修正自己，自觉地汇入人群的洪流中时，也意味着他(她)已经不再是万千世界中的“这一个”，而是成了“这一群”了。

人的一生何其短暂。时间一轮一轮,周而复始,帝王将相、平民百姓都在与它的鏖战中败下阵来。何谓永恒?永恒只是一道永远无法破解的哲学命题。既然生命的长度极其有限,何不尽力拓展它的宽度,做一个真正的“我”呢?

延伸阅读

刘攽:生于宋神宗天圣元年(1023),卒于宋哲宗元祐四年(1089),临江新喻(今樟树市黄土岗镇荻斜)人。字贡父,别号公非,宋代著名史学家。自幼刻苦自励,通五经、博群书。北宋庆历六年与兄刘敞同登进士,名声大振。担任国子监直讲时,因对王安石变法有异议,贬为泰州通判。后任曹州、亳州、兖州、襄州、蔡州等知州。刘攽为政爱民重教化,反对滥施刑罚,政绩卓越,而且才思敏捷,精于史学,苏轼称之“政事侔古循史”。曾协助司马光主编《资治通鉴》,负责汉史部分修编。《资治通鉴》共294卷,他编修了184卷,光引用的史料就有322种书籍。司马光高度评价刘攽“研精极虑,穷竭所有,夜以继日。编阅旧史,旁采小说,简牍盈积,浩如烟海。抉擿幽隐,校到毫厘”。为完成中国最伟大的史学经典,功不可没。刘攽还是一位才华横溢的诗人,与欧阳修、司马光为诗论三大家。其诗不少入编《宋人绝句三百首》《宋诗三百首》等书中。著书甚多,有《东汉刊误》《五代春秋》《经史新义》《彭城集》《公非先生集》等百余卷。

王安石变法:宋神宗时期王安石发动的旨在改变北宋建国以来积贫积弱局面的一场社会改革运动。变法自熙宁二年(1069)开始,至元丰八年(1085)宋神宗去世结束,故亦称熙宁变法、熙丰变法。王安石变法以发展生产,富国强兵,挽救宋朝政治危机为目的,以“理财”“整军”为中心,涉及政治、经济、军事、社会、文化各个方面,是中国古代史上继商鞅变法之后又一次规模巨大的社会变革运动。变法一定程度上改变了北宋积贫积弱的局面,充实了政府财政,提高了国防力量,对封建地主阶级和大商人非法渔利也进行了打击和限制。但是,变法在推行过程中由于部分举措的不合时宜和实际执行中的不良运作,也造成了百姓利益受到不同程度的损害(如保马法和青苗法),加之新法触动了大地主阶级的根本利益,所以遭到他们的强烈反对,元丰八年(1085),因宋神宗去世而告终。宋哲宗亲政后,重新起用变法派,但统治集团内部的斗争更加激烈,新法已成为各派系倾轧的工具。从此宋朝进入了党争的泥沼,不可自拔。

荻斜墨庄:即刘攽故乡——樟树市黄土岗镇荻斜村。"墨庄刘氏"是汉高祖刘邦的弟弟楚元王刘交的后裔,高祖六年正月,楚王刘交设都彭城(今江苏徐州),从此这个家族就世居彭城,设彭城郡,立彭城堂。西晋末年的五胡之乱,让彭城陷于兵荒马乱之中。刘交的第18代孙刘遐出任安城(今安福)太守任职期满后,便在安福县山庄乡笪桥村刘家港定居下来,形成了以安成为堂号的"笪桥刘氏"。唐朝末年,"笪桥刘氏"的后裔刘逵又从安福迁居新喻荻斜,形成"新喻墨庄刘氏"。刘逵之孙刘式便是刘攽的祖父。

直言无忌——孔文仲

一

宋神宗熙宁三年(1070),三年一次的朝廷制举即将开考。对那些渴望晋升的现职官员来说,这是一个难得的机会。素有文名的台州军事推官(地方长官的幕僚,掌案件审理)孔文仲在龙图阁直学士元绛、天章阁待制吴中复、翰林学士范镇等人的举荐下,前往京城应试。结果,他凭借一篇九千字的制科策获得主考官宋敏求的青睐,成绩列为特等。按照以往一般程序,孔文仲应该由此获得升迁,然而正在主持变法的宰相王安石看了这篇文章后大为恼火,在宋神宗面前极力贬损这个不知天高地厚的江西同乡。宋神宗朱笔一挥"罢归故官",大臣韩维、陈荐、孙永等人数次上奏,替孔文仲说好话,爱才心切的范镇甚至对皇帝说:"孔文仲来自草野之地,不懂得忌讳。他这样做是直言当前朝政,假如因此判他的罪,恐怕有损皇上您的圣明形象啊。"神宗依然不听。孔文仲只有回台州,继续做他的军事推官了。一扇大门刚刚开启,又匆匆关闭。时值深秋,孔文仲的心被冰冷的秋雨浇得一阵发颤。

回台州的路上,旅店孤灯下,孔文仲写下一首诗:"孤枕夜何永,破窗秋已寒。雨声冲梦断,霜气袭衣单。利剑摧锋锷,苍鹘缩羽翰。平生冲斗气,变作泪汍澜。"心念社稷,本想奋发有为,现实却无情地击碎了他的梦想。

孔文仲故里(峡江县罗田镇西江村)祠堂

此前,32岁的孔文仲已先后在余杭县尉、南康军司理参军任上干了七年,位卑言轻,一直为没能施展其宏伟的治国抱负而颇感郁闷。好不容易逮着这个机会,孔文仲交办完公务后即兴致冲冲地赶赴京城——他希望通过这次考试,让龙椅上的那个人看看他对时局的不俗认识,更期待借此获得一个施展才华的广阔舞台。早在嘉祐六年(1061),也就是孔文仲考中进士那年,后来成为他的好友的苏轼即通过制举考试,成绩优异,列入三等,一举轰动朝野。

考试那天,孔文仲文思泉涌,洋洋洒洒,写下那篇令宰相王安石很恼火的九千余字的策论。在这篇雄文中,孔文仲首先恳请神宗"首思听言用谏之义",并说"不听则已,听则博同天下之心;不用则已,用则兼取远近之策"。建议皇帝广开言路,推行"善政"。尔后,"力论王安石理财训兵之法为非"。例如,谈"免役法"的弊端——"今之所谓上户者,征敛甚厚而其力困。所谓下户者,庸役不及而其势逸。而上户居其一,下户居其十,是常困其一而逸其十也。家有二夫,古者皆出一兵。今则逸之而不能用,反敛有限之谷帛以给不耕之惰民。此岂周公之心哉?"驳斥"均输法"——"古之所以通货达财者,在乎商贾之职而不在乎上。今之关市之地密于布棋,均输之,吏苛于翼虎,商旅易业,转为征之,而求财货之通,难矣。"最后指出"法制数变,国家之大病也”。读了这种全面抨击变法的文章，正在紧锣密鼓施行变法、生性执拗的王安石自然视之为“绊脚石”，势必一脚踢开了。

孔文仲故里一角

关于王安石变法，其实一开始时，正反两派都立足于维护国家的稳定与发展上，只是思考问题的角度截然相反。主张变法的一派要求“藏富于国”，原因是政府和军队冗员太多，公共财政吃紧；反对派则认为改革损害了普通百姓的利益，使“贫者既尽，富者亦贫”。后来演变至党争，有其复杂深刻的背景，另当别论。问题在于，孔文仲和王安石的性格一样，都属于“一条道走到黑”的类型。孔文仲回到台州后，直至逝世前，依然数次公开抨击变法，就连王安石罢相，变法派失势后也不放过，其性格之直率和固执可见一斑。他去世时，好友苏轼扶着他的棺木说：“世方嘉软熟而恶峥嵘，求劲直如吾经父者，今无有矣！”可谓形象地诠释了孔文仲的一生。

二

熙宁九年(1076)，王安石第二次罢相，变法失败。孔文仲终于获得一个升迁机会——变法反对派吴充出任宰相，想重用孔文仲。以孔文仲敢于言说的个性，多少得罪了一些官员，加上变法的最大支持者宋神宗还在位，最后只任了国子监直讲。职级虽然不高，毕竟正式进入了“京官”行列。

国子监直讲主要辅助国子监教授和助教讲授经术课程。当时变法虽然失败了，但王安石主导的有关科举改革的政策依然没有变更，学生们还在用他编写的《经义》作为教科书求取功名。也许六年前的屈辱经历一直让孔文仲耿耿于怀——当年正是王安石阻断了孔文仲的上升之路。“王安石”三个字从此成了抹不去的伤痛记忆，孔文仲对他编写的书籍自然丢掷一边。官方指定的教科书,一个大学讲师居然不用,想来说闲话的旁人就不会少了。拿现在的话说,就是不务正业。不久,上面还是让孔文仲“换为三班主簿,出通判保德军(治所在今山西省保德县)”——国子监直讲的位子还没坐热,又回到基层了。王安石简直成了孔文仲一道越不过的坎。

不过,尽管偏居山西,孔文仲喜欢提意见的脾性却一点未改。

元丰四年(1081),宋神宗发五路大军进攻西夏。几十万丁夫聚集边境,很久不离去,边地百姓负担日益加重,怨声载道。孔文仲觉得自己有责任有义务为老百姓说话,毅然顶着压力上书朝廷,认为这样做有三不便:“大兵未出,而丁夫预集,一也;河东雇夫劳民而损费,二也;诸路出兵首尾不相应,三也。”并说“去岁议役法者,有以雇为是而差为非……诸言此者,败法乱俗之本,不可不察也”。将批评的矛头再次指向免役法。当时王安石虽已失去往日参知政事的威风八面,仍被任命为左仆射、观文殿大学士,改封荆国公,地位显赫。孔文仲并未拜倒在权力的脚下,依然想到什么说什么。可是,用兵西夏是神宗在王安石的鼓动下头脑发热的表现,孔文仲的一纸建言怎能抵得住赵家天子建功立业的渴望呢?“富国强兵”欲望占据头脑的皇帝不追究他就不错了。后来宋军的惨败证明,所谓的“强兵”只是一个美丽的肥皂泡。

元祐元年(1086),朝代更迭,年仅十岁的哲宗上台。这时候实际操控权柄的是高太后,年幼的哲宗成为一个不折不扣的“影子皇帝”。神宗时期,高皇后就是变法的坚定反对者,她曾与曹皇后一起在神宗面前哭诉王安石新法败坏祖宗家法,害苦天下百姓。垂帘听政后,她做的第一件事就是召回司马光。司马光重回阔别十五年的朝廷后,立即着手全面废除新法,还向高太后进言,把当初因反对新法而被贬的刘挚、范纯仁、李常、苏轼、苏辙等人招回朝中任职,将曾经支持变法的官员吕惠卿、章惇和蔡确等人逐出朝廷,这一历史变局被后世史家称为“元祐更化”。围绕变法,官员之间的斗争日趋激烈，朝廷此时的用人标准已经完全沦为变法反对派手中随意支配的纸牌。孔文仲缘于一以贯之的反对变法,自然也得到升迁——先是任秘书省校书郎,随即改任礼部员外郎,不久又调任起居舍人、左谏议大夫(从四品),终于达到职业生涯的顶点。

这年七月初一,出现日食。孔文仲忠实履行他的言官职责,向哲宗进谏。说了一大通"邪说扰乱正道、小人欺凌君子、远人欺侮中国"的大道理之后,突然话锋一转,论"青苗、免役,首困天下,保甲、保马、茶监之法,为遗螯留蠹",将昔日王安石眼中的济世新法斥为"毒虫、蛀虫"。此时,王安石已经长眠地下数月了。孔文仲对死去的人不依不饶,言辞锋利,足见其直率,也映照出一个文人可爱又迂腐的一面。

三

孔文仲和王安石都是比较执拗的人,针尖对麦芒,自然互不相容。《宋史》载:"安石性强忮,遇事无可否,自信所见,执意不回。"可见王安石的性格更倔强——遇事不论对错,非常自信,决定了的事从不更改。

年轻的孔文仲在余杭县尉任上时,一次转运使召见他和他商议公务。事情办完了,他策马立回。那时候,稍微有点职场经验的人都知道,原本可以借此机会去领导府上走动走动,套套近乎,混个脸熟,为将来升迁增加一两个筹码。可是当人家问行色匆匆的孔文仲为何没去转运使大人家里拜访时,他却说"吾于府无事也"——公事办完了,我当然就回来了啊。言下之意,我孔文仲此行是去谈工作,又不是去转运使家里做客。细细分析,与其说此举不通人情世故,不如说本性使然。王安石比他还要执拗。早年,源于欧阳修、韩维(外祖父王旦为真宗朝宰相,曾任

孔文仲画像

秘书郎)等人的举荐,王安石声名鹊起,朝廷多次要提拔他,都被他婉言谢绝。更有甚者,任命他为同修起居注,办事员将任命书送到府上时,王安石居然躲到厕所里;爱岗敬业的办事员索性把任命书放在他书案上,他又追上正欲上马离去的办事员,将任命书硬塞进人家手中。几次三番的辞官,王安石不为名利所动的高洁品格最终成为举朝上下议论的焦点。一时之间,“士大夫谓其无意于世,恨不识其面。”王安石成为官员们的偶像,人人都争着结识他并以此为荣。然而,细想一下,他真的“无意于世”吗?后来的事实证明,王安石的数次辞官只是一种阶段性的进取策略而已。因为他任了知制诰后就再也没有辞官了。所以,若说王安石的辞官具有表演性质,并非没有道理。孔文仲与王安石两相比较,谁在仕途上更有心计,一目了然。

两人皆出身官宦之家。孔文仲的父亲孔延之为仁宗庆历二年(1042)进士,官至司封郎中;王安石的父亲王益乃真宗祥符八年(1015)进士,官至尚书都官员外郎,后以子贵追封楚国公,赠太师中书令。两人少年时都才华初露,异于常人。孔文仲“经、史、传、注、百氏、子、集,外至于天文、律历、算数之书,无不识于心而诵于口。其议论浃洽,讲解精辨,诸宿儒老生,往往不能出其右”(《中书舍人孔公墓志铭》)。王安石则“少好读书,一过目终身不忘。其属文动笔如飞,初若不经意,既成,见者皆服其精妙”(《宋史卷三百二十七·列传第八十六》)。但两人的仕途经历却大不一样,孔文仲因为反对变法,仕途不顺,最后虽官至中书舍人,可谁能料到,元祐八年变法派上台执政,已经逝世的孔文仲被追贬为梅州别驾,七年之后才恢复名誉呢?孔文仲一辈子陷在党争的泥淖中,成了政治斗争甚至个人恩怨之争的牺牲品。王安石起初在基层断断续续干了二十年,神宗即位后始获重用——由江宁知府跃升翰林侍讲学士,为皇帝近臣。王安石为何深得神宗器重?一直有人

《清江三孔集》书影

帮助他。最初是好友曾巩,数次向欧阳修推荐其人其文,导致"修为之延誉"。后来,宰相文彦博也很看重他,请求朝廷越级提拔像他那样"淡于名利"的人。关键在于,王安石深谋远虑,早早结交世家大族子弟韩绛、韩维兄弟和吕公著三人,通过这三人的宣传推介,他的名气才越来越大。如神宗在颍王府时,韩维任记室,每次与神宗谈话得到称赞,他都说:"这不是我的说法,是我朋友王安石说的。"久而久之,王安石这个名字便深深刻在神宗脑海里,所以神宗一上台就召来王安石咨询治国方策并委以重任。可以说,没有上述一干人的大力举荐,王安石后期不会走得那么顺。但是,因为对变法持异议,听不进杂音的王安石却毫不留情地打压曾经的恩人。神宗想起用韩维为中丞,因王安石的反对而作罢。欧阳修提出退休,冯京请求朝廷挽留他,王安石却说:"……如此人,在一郡则坏一郡,在朝廷则坏朝廷,留之安用?"当年欧阳修念王安石家里经济状况不好,特意推荐他任群牧判官(管理朝廷马匹的官员,待遇相对丰厚),王安石贬损欧阳修时,大概早已忘记了后者当初的提携。

对待工作,孔王二人可谓尽职尽责。孔文仲去世前任同知贡举,带病上班。同事们劝他休息,他说:"居官则任其责,敢以疾自便乎!"真正称得上"鞠躬尽瘁,死而后已"。王安石主持变法,虽然负面影响不少,但其出发点是想通过变法发展生产,富国强兵,达到挽救宋朝政治危机的目的,同样是为了国家利益倾注毕生心血。孔文仲兢兢业业地做好了本职工作,王安石的视野与雄心却决定了他日后的大手笔。从这点看,二人都是儒学思想的优秀传人。

四

苏轼在孔文仲逝世时之所以扶着其棺木大发感慨,我想他是为失去一个知心朋友而伤心。在变法派与反对派斗争进入如火如荼的年代,一些缺乏独立思考能力的官员特别是年轻官员容易见风使舵,而孔文仲能站出来公开论证变法的弊端,确实需要非凡的勇气。孔文仲制举考试失利后一年,即神宗熙宁四年(1071),苏轼也上书朝廷谈论新法的弊病。王安石照样大为恼怒,让御史谢景弹劾苏轼。苏轼只有自请外任杭州通判。在杭州,备受打击的苏轼想起好友孔文仲一年前的相似遭遇,再三品读后者寄来的诗稿,不由得感慨万分,和下这首《次韵孔文仲推官见赠》:"我本麋鹿性,谅非伏辕姿。君如汗血马,作驹已权奇。齐驱大道中,并带銮镳驰。闻声自决骤,那复受絷维。谓君朝发燕,秣楚日未欹。云何中道止,连蹇驴骡随。金鞍冒翠锦,玉勒垂青丝。旁观信美矣,自揣良厌之。均为人所势,何必陋盐辎。君看立仗马,不敢鸣且窥。调习困鞭箠,仅存骨与皮。人生各有志,此论我久持。他人闻定笑,聊与吾子期。空斋卧积雨,病骨烦撑支。秋草上垣墙,霜叶鸣阶墀。门前自无客,敢作扬雄麾。候吏报君来,弭节江之湄。一对高人谈,稍忘俗吏卑。今朝枉诗句,粲如凤来仪。上山绝梯磴,坠海迷津涯。怜我枯槁质,借润生华滋。肯效世俗人,洗刮求瘢痍。贤明日登用,清庙歌缉熙。胡不学长卿,预作封禅词。"都是有才华有个性的人,均不容于世俗社会及官场生活,惺惺相惜之态,可见一斑。

人生何处不相逢。哲宗即位后,孔文仲任同知贡举,与知贡举苏轼共同职掌礼部考试。虽然共事时间短暂,但两个相互赏识的人能在一起该是多么幸福的事啊。想来,拖着病躯的孔文仲与好友苏轼一同翻阅举子们交上来的优秀答卷时,定会相视会心一笑吧。

哲宗元祐三年(1088)的一天,下班后的孔文仲病逝于家中。

"死之日家无余贮,惟有书五千卷,皆手自校辑者,遗文若干篇,某人集为五十卷。"没有金银财宝、玉器古玩,除了丰富的藏书就是自己写的文章,只可惜留存到现在的已所剩无几。

延伸阅读

孔文仲:生于宋仁宗景祐五年(1038),卒于宋哲宗元祐三年(1088),

《宋史·孔文仲传》记载，为临江新喻人，也有学者提出其籍贯为临江军新淦县(明嘉靖五年析新淦地置峡江县)，即今峡江县。字经父，其弟孔武仲、孔平仲皆有文名，并称“三孔”，黄庭坚有诗赞其：“二苏(苏轼、苏辙)联璧，三孔分鼎。”据《临江西江孔氏族谱》载：其先祖孔绩，孔氏40世孙，唐末任吉州推官。因黄巢起义，任满不复北归，遂于文德元年(888)择西江(今峡江县罗田乡西江村)为居，为西江孔氏第一世。文仲自幼好学，刻苦自励，学识渊博，但性格狷直，神情严肃。嘉祐六年(1061)登进士，考官吕夏卿称其“诗赋赡丽，策论深博，文势似荀卿、杨雄行”，而擢为丙科第一名。因年龄小，不到做正职官位的年资，调浙江余杭县尉，两年后转台州推官。后召为秘书省校书郎。熙宁元年(1068)朝廷实行改革，翰林学士范镇举荐文仲至神宗皇帝赵顼面前对策，对朝纲国策侃侃九千余言，表达对王安石变法中“理财”“训兵”之策的不同见解，因而罢官。赋闲中，潜心研究学问和著书立说，并积极参加欧阳修的文学改革运动。熙宁九年(1076)王安石罢相，吴充为首相，召孔文仲为国子监直讲，他以不谙王安石经义，出通判保德军。哲宗元祐元年(1086)召为秘书省校书郎，复用为起居舍人，不久拜左谏议大夫，升礼部员外郎。旋因直奏“青苗”“免役”诸法律的利弊，元祐三年升任中书舍人，同知贡举。同年因劳累过度卒于汴京(今河南开封)。文仲大殓时，在朝仕官失声痛哭，其好友苏轼抚其棺哀曰：“世方嘉熟软而恶峥嵘，求劲直吾经父者，今无有矣。”对其刚直不阿，不事权贵的品质作了评价，同时对朝廷用人的弊端进行了抨击。

龙图阁直学士：北宋元丰改制(宋神宗赵顼元丰年间对职官制度的一次重要改革)以前，一般官吏多有三个头衔，即官、职和差遣。例如真宗朝寇准曾为虞部郎中、枢密直学士，判吏部东铨。郎中是官，直学士是职，判吏部东铨是差遣，才是实际职责。官吏的实际职务，要看所分派的差遣。宋朝的职名甚多，分若干等级。就以“学士”名号来说，按其性质大致可以分为三类：第一类学士为翰林学士、知制诰与翰林侍读学士。其职官为翰林学士、知制诰，长官为翰林学士承旨；第二类学士为馆、殿学士。宋初沿袭唐制，设三馆。三馆长官昭文馆大学士、监修国史(史馆长官)与集贤院(殿)大学士为宰相兼职。宋朝最高级职名为观文殿大学士、观文殿学士,资政殿大学士、资政殿学士及端明殿学士。观文殿大学士须曾任宰相,观文殿学士亦“非曾任执政者弗除”。资政殿大学士、学士也是宰相、执政的荣誉职名。端明殿(后改延康殿)学士五代已有,元丰以后“以现执政为之”;第三类学士为阁学士。宋朝有一种特殊的阁学士职名,简称“阁职”。有学士、直学士、待制和直阁四级。宋朝制度,每一位皇帝去世后,必敕建一阁,以奉藏先帝遗留的文物。例如龙图阁,就奉藏着“太宗御书、御制文集及典籍、图画、宝瑞之物,及宗正寺所进书籍、世谱”。其后,又建有天章阁、宝文阁、显谟阁、徽猷阁、敷文阁及南宋的焕章、华文、宝谟、宝章、显文等阁。在北宋,龙图阁直学士可说是代表最有学问的职位,百姓称呼龙图阁学士为老龙,龙图阁直学士为大龙,龙图阁待制为小龙。

元祐更化:宋代以司马光为首的反变法派在元祐年间推翻王安石变法的事件。元丰八年(1085)春,宋哲宗即位,其祖母宣仁太后执政。宣仁太后是宫廷中反对变法的后台,掌权后起用司马光、文彦博等保守派。司马光打着以母改子的旗号,反对新法。他把变法的责任都推给王安石,攻击“王安石不达政体,专用私见,变乱旧章,误先帝任使”,随后新法大部分被废,许多旧法一一恢复。通过变法而积聚起来的钱财,也在反变法派执政的几年当中耗散殆尽。与此同时,还不遗余力地打击变法派。章惇曾对司马光恢复差役法的主张一一进行批驳,反变法派动员全部台谏力量,对章惇屡加击逐,直至被迫赋闲。列为王安石等人亲党的变法派官员,全被贬黜。对西夏,则继承了熙宁以前的妥协政策,把已收复的安疆、葭芦、浮图、米脂四寨割让给西夏,以偷安一时。司马光及其后继者无视小皇帝,因而愈益激起宋哲宗的不满。宣仁太后一死,复辟旧制的反变法派随之垮台,并受到倍加沉重的打击。

知贡举:唐宋时特派主持进士考试的大臣。清代会试的知贡举多从一二品大臣中简派,满汉各一,仅管考场事务,不负阅卷取士之责。

在冬青青，松柏不改——萧燧

一

萧燧出生那年(北宋政和七年)，打算联金灭辽，以此收取燕云十六州的宋朝政权初次出使金国未成后，宋徽宗命枢密院事童贯继续负责同金联系通好之事。此后数年的伐辽战争中，宋朝军队屡屡战败，暴露出国力的羸弱。宣和七年(1125)十一月，金太宗两路发兵，拉开南侵的序幕。懦弱无能、无意抗战的宋徽宗、宋钦宗想方设法委屈求和，最终酿成"靖康之变"——靖康二年(1127)四月，金将完颜宗望、完颜宗翰带着被俘扣留在金营的宋徽宗、宋钦宗和赵氏皇子、皇孙、后妃、帝姬、宫女及大臣三千余人以及掠夺的大量金银财宝回归金国。立朝两百年的北宋就这样宣告灭亡，势如惊弓之鸟的南宋政权不得不狼狈而屈辱地偏安江南。这一年，萧燧十岁，尽管"幼而颖悟……为文援笔立成，不稽思虑意到，而辞远自成一家"，但碰上那样一个时代，也可称"生不逢时"了。

萧燧的高祖萧固曾官至刑部郎中、集贤殿修撰，父亲萧增博学多才，高宗时期获赠少傅、太师。名宦世家的出身，加上天资聪颖，绍兴十八年(1148)，萧燧以进士第二名(榜眼)的优异成绩，授予平江府观察推官，开始他的官宦生涯。初次踏上政坛，虽然官阶低微，辖地治安形势复杂，萧燧还

萧氏族谱

是将公务处理得有条不紊，显示了非同一般的执政才能，赢得了百姓拥戴。不知不觉，在官署里已度过六个春秋。为官之余，萧燧喜欢舞文弄墨，所写文章流传甚广，一时声名鹊起，引起当时大权在握的秦桧的注意。

绍兴二十三年（1153）某天，秦桧示意其心腹找到萧燧，向他道喜，说他将担任今年“锁厅试”考官。“锁厅试”是宋代科举考试的一种补充形式，是专门为现任官员、朝廷大员子弟及宗室后裔举行的一种单独考试。听到消息，萧燧迷惑不已，按道理这个级别考试的考官还轮不到自己啊。萧燧就问，这份美差为何降临我小小观察推官头上。那人附在他耳畔低语：“当今丞相有个孙儿参加考试，想把他托付给您。”萧燧这才明白，秦桧让他领这份差事的目的是为其“大开方便之门”。当时秦桧父子独揽朝政，只手遮天，很多人对他们的飞扬跋扈敢怒不敢言。换成一般趋炎附势之人，既然宰相大人已经安排妥当，自己乐得做个顺水人情，说不定还能靠上这棵“大树”呢。但是萧燧听了断然拒绝——“我刚做官就敢昧着良心吗？”不识官场潜规则的萧燧如此回绝树大根深的秦桧，后面的路自然就很难走了。果不其然，萧燧接到转任秀州的通知，秦桧却以当地职数已满为由，百般阻挠，让他无法到任。与此同时，秦桧安排另一名官员陈之茂任考官。开考前，秦桧故伎重施：把陈之茂请到相府，暗示孙子秦埙参考，希望取为第一。陈之茂为人正直，对秦桧的所作所为也看不惯。他表面上答应秦桧，暗中觉得这样做对其他考生实在不公平，决定以文章的优劣来分高低，定等级。考试一结束，他把所有试卷连夜粗看一遍，发现有一份试卷（著名词人陆游的答卷）文笔流畅，而且很有见解。陈之茂又找来秦埙的文章，两相对比，实在相形见绌，便果断将前一份答卷列为第一名，而把秦埙排在第二。其实这样做多少已给了秦桧面子，谁知道发榜后，秦桧发现目的没达到，当即大发雷霆，怒骂陈之茂当杀——他要的是第一，不是第二。

“锁厅试”结束后的第二年，礼部举行省试，秦桧不达目的誓不罢休，又推荐其心腹魏师微、汤思退为主考官。魏、汤二人自然心领神会。结果，陆游被黜落，秦埙则踩着他的肩膀被推为榜首。省试完了，紧接着是殿试。为了确保孙子夺魁，秦桧又向宋高宗进言，安排魏师微当阅卷官，汤思退为编排官。这样一来，秦埙很快被作为第一名推荐上报。正当秦桧得意扬扬地等着听好消息时，没想到宋高宗对其独揽朝政、徇私舞弊的卑劣行径已有所警惕。仔细翻阅主考官呈上的几份试卷时，又发现秦埙使用的都是秦桧常用的套语，行文语气和秦桧的也相差无几，而第二名张孝祥的试卷不仅文理畅通，而且字写得特别好。宋高宗在作了比较之后，当场更改名次，以张孝祥为状元，把秦埙降为第三名。张孝祥高中状元后上书为岳飞鸣冤，站在主战派一边。如意算盘落空，秦桧原本就很不爽，这回对张状元更是恨之入骨，指使党羽诬告其父张祁杀嫂谋反，将张祁投入监狱，百般折磨，张孝祥也因此牵连受难。省试中被刷掉的陆游也被压制了整整五年，直到绍兴二十八年(1158)，秦桧病逝后才得到任用。

萧燧故里柴埠(今新余袁河宾馆)

其实，早在绍兴十二年(1142)，在秦桧亲党的操纵下，其养子秦熺便顺利通过了秀州漕试（宋代路一级的考试)，接着又在省试和殿试中名列榜首。《宋史·李浩传》说，“秦熺挟宰相子以魁多士”，李心传《建炎以来朝野杂记》甲集卷十三载：“绍兴十二年，秦申王(即秦桧)当国，其子熺始冠多士。”此次为孙子牟取功名,不过是十一年前的翻版而已。为国家遴选人才的科举制度竟成了秦桧手中把玩的工具。更有甚者,晚年病榻之上的他仍然不忘牟取私利,处心积虑想把养子秦熺扶上相位,企图“子袭父位”,幸亏未能得逞,这是后话。这对父子盘踞高位,加上萧燧此前的不配合,他的政治前途自然不会顺畅。

二

平江府任满后,按照当时职务升迁惯例,萧燧本应当学官。为避秦桧的刁难,他申请调任靖江府(今广西桂林)观察推官。绍兴三十二年(1162),任靖州(今湖南省靖州苗族侗族自治县)教授。宋孝宗即位后,萧燧才逐渐得到重用,历任诸王宫大小学教授、太常寺丞、吏部司封司勋郎官、太子左谕德、国子司业、起居郎、右谏议大夫等职。期间,萧燧尽职尽责,并利用一切机会上书孝宗,为其治国理政建言献策。例如为整肃秦桧遗留下来的用人不当之风,萧燧建议孝宗“官当择人,不当为人择官”,即应该选择德才兼备的人任职,不能因人设岗。谈到用人之法,他又说,“必察其可用之实,所言与所行相副,然后可信。”考察干部不但要听其言更要观其行,言行一致才是可靠之才。孝宗听了深表赞同,“所论甚当,人谁能不言?但徒能言之而已,要当观其所行。”

萧燧画像

孝宗执政后不甘偏安,力图恢复中原,重振国势。淳熙四年(1177),有大臣建议北伐金国,收复失地。萧燧却建言:“今贤否杂糅,风俗浇浮,兵未强,财未丰,民未裕,宜卧薪尝胆,以图内治。”这并不是保守主义,而是针对当时国情做了一个非常清晰的判断。一国之君想要洗刷前耻,重振大宋雄风,可以理解,但是在国力、财力与民力不足的情况下冒险进攻金国,后果可想而知。隆兴元年北伐,宋军惨败于符离,很大程度上就是因为将领不和与用人失察。所以萧燧接着劝谏孝宗“正纪纲,容直言,亲君子,远小人”,孝宗因此称赞他“议论鲠切,不求名誉,纠正邪奸,不恤仇怨。以此用卿,不为聚也”。

淳熙五年(1178),花甲之年升任同知贡举的萧燧再次用实际行动证明自己敢于和不良行为斗争的耿直个性。夔州路(治所在今重庆市奉节县)帅守李景孚贪赃枉法,暴虐无道,由于有参知政事赵雄的庇护,主张弹劾的殿中侍御史谢廓然等也拿他没辙。萧燧知道此事后,搜集李景孚的违法事实独自上奏,请求孝宗将他罢免。可是没过多久,赵雄又让他官复原职,李景孚更加有恃无恐。萧燧见朝中用人法度居然如此混乱,气愤不已,再次站出来,连同赵雄一起弹劾。赵雄却秘密向孝宗奏称,说萧燧检举李景孚是因为误听了李景孚仇人钟京的话。昏头昏脑的孝宗下令逮捕钟京并治罪,李景孚再次恢复旧职,俨然官场“不倒翁”。

两次弹劾都被赵雄一帮人左推右挡, 偏听偏信的孝宗也站在他们一边,萧燧一气之下,干脆自己弹劾自己,请求离职外任——既然李景孚数次官复原职,那么说明我萧燧检举错了!孝宗当然没有批准他的辞职申请。无奈萧燧再三提出申请,孝宗便让他任刑部侍郎,他拒不赴任,要求外任。孝宗最终拗不过他,只好同意他出任严州(位于浙江省西部,辖桐庐、淳安等六县)知州。

当时的严州属地狭窄,财力匮乏,萧燧上任时清查府库,办公经费不足三千钱。萧燧埋头苦干,只花了两年,便“积至十五万,以其羡补积逋,诸邑皆宽”,地方经济得到长足发展。后来萧燧调任婺州(今浙江省金华市)知州,老百姓都舍不得他走,“父老遮道,几不得行,送出境者以千数。”是啊,这种踏踏实实工作,致力于改善民生的基层官员谁舍得放他走呢?

三

萧燧自婺州回京任职时,仍未忘记那片奋斗过的土地,特意奏请皇帝"江、浙再岁水旱,愿下诏求言,仍令诸司通融郡县财赋,毋但督迫"。希望朝廷体察民情,采取灵活的财税政策,爱民心切溢于言表。

此后,萧燧一直在京师任职,不断升迁。淳熙九年(1182)任枢密院都承旨,掌管枢密院内部事务;淳熙十年兼权吏部尚书,十三年升翰林侍读学士,十五年任参知政事,第二年兼知枢密院事,此时的萧燧已经年逾古稀。

年事已高精力不济,萧燧再三请求回归故里新喻。绍熙四年(1193)春天,萧燧悄悄离别人世,享年77岁。

《宋史·萧燧传》记载:萧燧应举前,某晚夜读,倦怠之余伏案小睡,梦见一位须发皆白的神人送他一篇文章。醒来后他记得里面有一联"如火烈烈,玉石俱焚;在冬青青,松柏不改"。"如火烈烈,玉石俱焚"暗指昏庸的高宗重用秦桧,大兴冤狱,密谋杀害抗金英雄岳飞父子,导致玉石俱焚;"在冬青青,松柏不改"是说萧燧的节操像岁寒松柏一样不畏风雪,傲然挺立。事实证明,萧燧的梦境与现实有着惊人的契合度。姑且不论此说的真实性,萧燧的为人却是一以贯之的"青青"。

延伸阅读

萧燧:生于北宋政和七年(1117),卒于绍熙四年(1193),谥号"正肃"。字照邻,北宋临江军新喻柴埠(今江西新余市城南)人。绍兴十八年(1148)中进士第二名(榜眼),授为平江府观察推官。后拒绝秦桧拉拢,调静江府任观察推官。不久,因服父丧,卸职归乡闲居。绍兴三十二年(1162),复出为官,授靖州教授,随后历任诸王宫大小学教授、国子司业兼代理起居舍人、起居郎、左司谏、右谏议大夫、同知贡举、严州知州、婺州知州、国子祭酒、枢密院都承旨、代理刑部尚书、代理刑部尚书兼代理吏部尚书、侍讲、侍读。宋高宗赵构死后，萧燧充任永思陵礼仪使，参知政事，代理监修国史日历、兼知枢密院事。萧燧因年老多次请求归隐，朝廷于是授其为资政殿学士、提举临安府洞霄宫，归乡养老。

枢密院：唐、五代、宋、辽、元等朝代的官署名称，长官称枢密使，主要掌管军政。唐永泰中开始设置，原本在内廷，用宦官为枢密使，执掌机要事务。五代后梁建立崇政院，后唐改称枢密院。宋代沿置，主要管理国家军事机密及边防等事，与中书省并称“二府”，同为最高国务机关。枢密院设十二房（北面房、河西房、支差房、在京房、校阅房、广西房、兵籍房、民兵房、吏房、知杂房、支马房、小吏房）分曹办事。元丰改制时，有废枢密院、还军政于兵部之议，神宗以为“祖宗不以兵柄归有司，故专命官统之，互相维制，何可废也？”所以就留下来了。宋代枢密院长官枢密使、知枢密院事以士人充任，副职间用武臣。宋初，中书和枢密院对掌文武二柄，宰相因不带枢密衔而不得干预军事。庆历年间用兵西夏，一度由宰相兼枢密使。南宋宁宗后，宰相始例兼枢密使。

靖康之变：北宋靖康元年（1126）十一月，金朝军队攻破宋朝都城东京（现开封）。二年（1127）正月，金军先后把北宋皇帝宋徽宗、宋钦宗拘留在金营，二月六日金主下诏废宋徽宗、宋钦宗为庶人，另立同金朝勾结的原宋朝宰相张邦昌为伪楚皇帝。四月初一日金军俘虏徽、钦二帝和后妃、皇子、宗室、贵戚等3000多人北撤。宋朝皇室的宝玺、舆服、法物、礼器、浑天仪等也被搜罗一空满载而归。北宋从此灭亡，史称“靖康之变”。《靖康稗史笺证》对这次国难记载颇为详细。其中《瓮中人语》记载：靖康元年十二月，“二十四日，开宝寺火。二十五日，虏索国子监书出城。”次年正月，“二十五日，虏索玉册、车辂、冠冕一应宫廷仪物，及女童六百人、教坊乐工数百人。二十七日，虏取内侍五十人，晚间退回三十人。新宋门到曹门火。二十八日，虏索蔡京、王黻、童贯家姬四十七人出城。”金兵围攻陷汴京前后，烧杀掳掠，奸淫妇女。除金银财物之外，大量掳掠宋朝官员和百姓，其中女性尤多。金人特意索要“女童六百人”，却没索要男童。靖康元年闰十一月，“二十七日，金兵掠巨室，火明德刘皇后家、蓝从家、孟家，沿烧数千间。斡离不(完颜宗望)掠妇女七十余人出城。”

中国妇女的节烈论从“靖康之难”开始被宋代道学家所注重。因为北宋后宫嫔妃、宗室妇女全部被掳往北方为奴为娼。这个耻辱使道学家们舍弃了北宋时期重生存轻贞节的观念，转而大力提倡妇女舍生命保贞节。鉴于当时环境，这种观念也逐渐被士大夫们所接受。到了明清之际，女性殉节的贞节牌坊日益增多，在生存与贞节之间，女性只能选择后者。

生若浮萍——傅若金

一

傅若金的生命中,致和元年(1328)八月二十一日是一个刻骨铭心的日子——这一天,新婚不足半年的爱妻孙淑因病撒手尘寰。昔日相伴窗下,夫唱妇随的日子再也不会有了,茫茫天地从此剩下傅若金一人。

秋雨拍击着破败的窗棂,孤灯下的傅若金合上书本时,眼前又一次浮现与孙淑初次相遇时的情景。那是致和元年的一个春日,漂泊湘中的傅若金偶然遇见丫鬟伴随出游的孙淑。轻风拂面,垂柳轻荡,主仆二人出没于繁花绿树间,随口吟出的诗句令傅若金惊叹不已,顿生爱慕之意。他日,傅若金登门求亲。孙淑父亲,当时有名的作曲家孙周卿,素来喜爱舞文弄墨,词作清丽委婉,别有一番风味,如《题恨》"到春来郁闷恹恹,昼夜相兼,粉黛慵拈。尘满妆奁,香消宝靥,翠淡眉尖。封泪锦丝丝恨添,唾窗绒缕缕情粘。翠幕朱帘,玉管牙签,绿惨红忺。燕妒莺嫌"。见过傅若金及其呈送的诗作后,孙周卿同意将爱女许配给这个貌不惊人却才华初显的文弱书生。谁料这门亲事差点黄掉——孙家几位亲戚见傅若金体弱多病, 劝说孙周卿废除婚约,另聘他人。貌似弱不禁风的孙淑知道后立即正色道:"大人以爱子许人,必慎所择矣。即死,不讳命也,若等谓我且慕世俗富贵而改聘耶,有死而已！”

傅若金夫人孙淑像 彭连熙绘

婚后，窘迫的物质生活并没有冲淡夫妻深情。孙淑布衣粗茶，却仍能“吟诗作赋北窗里”，清苦的日常生活中却也不乏诗情画意。尽管她常常毁弃诗稿，随性写作，内容也不出闺阁，认为女子为文“偶适情耳，女子当治织紝组紃，以致其孝敬，辞翰非所事也。”但她的有些诗作细节生动，别有韵致，如状写下雪的“采阁闭朝寒，妆成拟问安。忽闻春雪下，唤婢卷帘看”。还有写女人愁思的“绿窗寂寞掩残春，绣得罗衣懒上身。昨日翠帷新病起，满帘飞絮正愁人”。皆可见一丝林黛玉的影子。那段日子，夫妻二人志同道合，琴瑟和鸣，常常在相视一笑里读懂难以言传的微妙心思。可惜上苍给了他们耀人的才华，却残忍地削减了孙淑的寿命——结婚才过五个月，孙淑便病逝。二十岁即离开家乡，孤身出游湖南的傅若金，遇见孙淑并结为连理，本应是平淡人生中的一抹亮色，现在却因斯人离去而黯淡、枯涩。可以想见，爱妻的离世对傅若金心灵的重击，而且这也为他十四年后的郁郁而终埋下了伏笔。

孙淑逝世后，傅若金忍着巨大的伤痛，收集、整理她的诗稿，编成薄薄一册《绿窗遗稿》，以作永久纪念。序言中，傅若金回顾了妻子短暂一生，评价其诗“语皆闲雅可诵，非苟学所能至者”。

这世上，遇见一个善于操持家务，相夫教子的女人可能不是一件难事，但与一个精神上相互愉悦的异性终成眷属却决非易事。上天赐给傅若金一个知己，却又无情地收回，人生巨痛莫过于此。从傅若金写的悼亡诗中随意抽出一首，可以明显感觉其丧妻之痛：“新婚誓偕老，恩义永且深。旦暮为夫妇，哀戚奄相寻。凉月烛西楼，悲风鸣北林。空帷奠巾栉，中房虚织纴。辞章

余婉娈,琴瑟有余音。眷言瞻故物,恻怆内不任。岂无新人好?焉知谐我心!掩穴抚长暮,涕下沾衣襟。”(悼亡诗·其三)

二十岁后,傅若金只身一人出外游历,原因有二:一则借此广交朋友,增长见识;二是想通过某些有话语权的文坛前辈的推荐,跻身官吏行列,更好地施展自己的才华与抱负。有人认为,蒙古人入主中原后废除了科举制度,由此堵塞了读书人的上升通道,其实自元仁宗1313年下诏恢复科举始,直到元朝灭亡,朝廷还是举行了16次科举考试。元朝科举对应试对象资格的限定也不如其他封建王朝那么严格,除蒙古族、汉族知识分子外,西域、中亚各少数民族即色目人中的知识分子,国内其他少数民族知识分子,均可参加科举考试,官方规定“举人从本贯官司于诸色户内推举,年及二十五以上,乡党称其孝悌,朋友服其信义,经明行修之士,结罪举保,以礼敦遣,贡诸路、府”。按照上述标准,查考傅若金的生活年代,他至少有三次参加科考的机会,不知何故,他没有选择走这条路。或许因为不满朝廷取士的民族歧视政策——将蒙古、色目人分为一科,汉人南人另分一科,前二者人口只占全国3%,分配名额却占总数的一半。或许他却步于这条路的艰难——16次科考只录取进士1139人,与之前唐宋两朝相比简直微不足道,竞争的惨烈可以“千军万马争过独木桥”来形容。

刚到湖南时,傅若金的才华为宣慰使(掌管军民事务的官员)阿荣赏识,后者聘请他为门客,宾主二人常常在一起吟诗作赋,切磋文章。后来,阿荣举荐傅若金任岳麓书院直学(各级书院掌管钱谷的官吏),薪俸虽然微薄,但总算有一份固定收入。后来,也许两人之间产生了某些矛盾,也许傅若金并不满足于这份差事,不久他便递交了辞呈。

新余南安百丈峰(傅若金曾迁居于此)

傅若金故里(新余罗坊镇官塘村)

种种因素纠结一起,有些人注定一生漂泊。何况对于志存高远的傅若金来说,小小一个岳麓书院怎么能承载他的梦想呢?他渴望去更远更大的地方寻找发展机会。

二

傅若金出身贫寒,少年时曾跟着村里一个篾匠学手艺,靠编织草席贴补家用,后来又改学缝纫。

某天,傅若金给村里一户人家送去缝补好的衣物,恰逢其请客,笑语喧哗飘出窗外。主人让傅若金在门外等候,傅若金深感尊严俱失,从此下定决心苦读诗书,求取功名。不过他的人生轨迹和同庚也是同乡的理学家、教育家梁寅截然不同。后者科考失利后,绝意仕途,将毕生精力倾注在教育和著书立说上,终成一代大家。傅若金的性格里则似乎隐藏一股执拗——非要四处拜访前辈名贤,希望靠他们的推荐进入"公家人"行列。事实上,鉴于出仕之难,当时很多江南儒士试图通过游京师改变自身尴尬处境,实现人生价值。有人做过统计,"元代有127位江南儒士有游京师的经历,从这些儒士的地域分布来看,江浙行省最多,江西行省次之;从游京师的时间分布来

看，世祖在位时期较少，元朝中期最多，元末仍有相当多的数量。”(申万里《元代江南儒士游京师考述》)

傅若金早年(据有关资料推算，约为泰定三年，即1326年，范梈因病卸任福建闽海道知事)曾拜移居家乡附近百丈山(今新余渝水区南安百丈峰)的范梈为师。范梈青年时也是通过游学京师，甚至“卖卜燕市”(给人算卦)，为御史中丞董士选赏识才得以“名动京师”，所以对傅若金欲做“北漂”的想法深为理解。

天历二年(1329)秋，范梈奉命去湖广行省协助当地官员组织乡试，在武昌和尚未从丧妻之痛阴影中走出来的形如枯槁的傅若金相遇。师生相见，自是感叹唏嘘，特别是听了傅若金的诉说，范梈对这位学生的不幸经历更是同情不已。傅若金表示将北上京师，效仿当年的老师——凭借自己的才学博取一个美好前程。范梈深以为然，当即修书一封给好友奎章阁侍书学士、江西临川人虞集，“近来武昌，与乡友傅汝砺(傅若金字汝砺，笔者注)会，其人妙年力学，所为诗赋警拔可爱，其为人静慎又可尚，谓将北行，介之以见，无他。出门而瞻望泰山、黄河，以洗穷乡之卑陋，此其志也。与语当知仆之非妄，未由参侍，更冀以斯文自爱，不宣。”从为文与为人两方面对傅若金加以赞赏，希望好友能够关照他。临别时，范梈作诗《赠傅汝砺北游》——“十年身不到瀛洲，江上逢君又素秋。行李祗今何处在？看花须及俊年游。沧波远去浮三坞，白日高悬照九州。大旱若将敷说命，贤良记取旧弓裘。”可惜傅若金到了京师后没能见到虞集。常伴皇帝左右的馆阁第一文臣不是随便哪个人都能拜见的。在京师待了约一年，落寞的傅若金闻知恩师驾鹤西去的噩耗，又急匆匆赶回家乡，帮助料理后事，整理收藏老师的诗文及书法遗稿。

至顺三年(1332)，傅若金背着一叠诗稿再次来到京师。这年八月，元文宗驾崩，傅若金几经辗转，终于见到了虞集。在虞集府上，读到傅若金的诗作：“苍松在山自奇古，灌木翳之人不惊。忽然图向堂上壁，满坐叹息长风生。交柯崛走森昼晦，其下将疑鬼神会。雾雨寒霏虎豹毛，雷霆怒拆蛟鼍背。

乃知巨笔老且神，力斡造化雄千钧。皇天不夭栋梁具，后土潜回霜雪春。尔松已为人爱惜，见尔为尔生颜色。山中岂无材木倚绝壁，未逢匠石嗟何益。”（《奉题仇工部壁间古松图歌》）时，虞集不禁大加赞赏：“绝妙，绝妙，吾人新来第一手。”一段时间后，通过虞集，傅若金又结识了奎章阁授经郎揭傒斯、翰林编修宋褧等贤达之士。揭、宋二人也颇为赏识他的才学，鼎力向朝廷举荐。不知什么原因，傅若金并未得偿所愿，只得终日周旋于文朋诗友之间，卖文为生，甚是凄苦。

白日喧哗自窗外渐次消失，微弱灯光下瞥见自己孤单身影的傅若金，内心翻卷起多少难言的苦痛呢？雪上加霜的是，至顺四年(1333)，虞集谢病辞职归乡。失去一棵可以依傍的大树，傅若金的前途更加渺茫。惶惑之中，傅若金蛰居京师已经整整三年。

三

命运转机出现在元统三年(1335)。

这年七月，在揭傒斯、宋褧等人的不懈努力和多方奔走下，傅若金终于谋得一份差事——以“参佐”(类似于随团秘书)身份跟随吏部尚书帖柱、吏部郎中智熙善出使安南(今越南北部，为元朝藩属国)。职级虽然低微，毕竟正式步入仕途。

出发当天，傅若金抑制不住内心的激动，赋诗一首：“燕城秋早五云开，路入南交几月回。奉使始从天上出，行人争看日边来。班超万里终投笔，郭隗千金更筑台。圣主恩深极炎海，伏波铜柱任苍苔。”豪迈之情溢于言表。

从现存不多的史料中我们可以得知，出使安南是傅若金一生不可多得的亮点。人所熟知的是他回绝安南人送美姬陪宿一事。使团一行刚刚在宾馆安顿，当地人便奉送美女数名，欲为远道而来的客人提供“特殊服务”。面对美丽妖冶的异域女子的万般风情，鳏居七年的傅若金却坐怀不乱。其《却侍姬》一诗生动地描述了当时的情景：“夜宿安南天使馆，主人供帐烂相辉。

宝熏烬起风过席，银烛花偏月照帏。王母谩劳青鸟至，文箫先放彩鸾归。书生自是心如铁，莫遣行云乱湿衣。”理智战胜了欲望，虽然只是外交使团的一名随员，傅若金却十分明白维护国家形象的重要性。

此次出使，往返行程一万余里，一路变幻无穷的风物，使傅若金眼界大开，耳闻目睹，所思所想，提笔成篇，形成一个创作的高潮。圆满完成工作任务，回到京师后，傅若金将期间创作的上百篇诗歌汇集成《南征稿》一书。他在序言中这样写道："……其年秋七月辞京师，明年夏还至阙下，往返万六千余里。道途所经山川、城郭、宫室、墟墓、草木、禽虫、百物之状；风雨、寒暑、昼夜、明晦之气，古今之变、上下之宜、风土人物之异，凡所以感于心，郁于情，宣于声而成诗歌者，积百余篇。”应该说，这一年多的时间，傅若金的心里已是云开雾散，他期待一个美好未来。

使团回京后，傅若金满以为朝廷能给安排一个更好点的职务，岂料上头留给他的只有两个字“待选”，意思是等待任用。一盆冷水当头浇下，傅若金的心顿时凉了半截。然而现实面前有什么办法？只有熬了。

一熬就是两年。这两年傅若金过得很苦，苦到最后连房租都付不起，不得不求助于朋友，供职丞相府的赵德隆。傅若金在一篇文章中详细写到那时的窘境："傅子客游京师，数岁贫不能自居，恒寄于人而业笔砚以衣食。前年有日南之役(出使安南)，既还，待选天官，业遂废而益贫。居无恒宇，求访者率病焉。今年秋，舍于丞相掾相人赵德隆所僦明时坊何氏第之西亭……”没有一定经济来源，谋生问题绝非易事。当年揭傒斯有诗描写“京漂族”的生活："渺渺寒门士，客游燕蓟城。上无公卿故，下无旧友朋。裘葛不自蔽，藿食空营营。四顾灾沴余，但闻号哭声。日负道德懿，敢怀轩冕荣？节食慎所欲，聊以厚我生。”温饱问题都难以解决，更别说有固定居所了。稍早一点的宋朝，在京官员绝大部分都得自己找房子，即便官至翰林学士的欧阳修也得租房住。他在《答梅圣俞大雨见寄》诗中说："嗟我来京师，庇身无弊庐。”苏轼兄弟更是窘迫，苏辙在《闻诸子欲再质下氏宅》中诉称："我生发半白，四海无尺椽。”

四

后至元四年(1338)四月,苦苦熬了两年的傅若金终于结束"待选",出任广州路儒学教授。

仍旧是南下,但此次南下和三年前的南下(出使安南)相比,备尝艰辛的傅若金已经失去当初的意气风发了。尽管有近二十位文朋诗友前来送行、赠诗,傅若金仍难掩落寞与思乡之情。作诗云:"六龙西北驰,群鸟东南翔。感我客游士,心神随飞扬。迢迢踰大河,悒悒越崇冈。已惊时序易,复念道路长。驱车出东门,浩歌慨以慷。燕蓟岂不乐,吴楚为我乡。父母久违侍,兄弟不在旁。当兹遂归志,聊可慰中肠。"孤身一人漂泊在外十多年,努力过,打拼过,到最后只得到一个八品微职,梦想距离傅若金越来越远了。

至正二年(1342),暮春三月、杂树生花之际,像一朵浮萍一样的傅若金凋谢在儒学教授的简易宿舍里,年仅四十。

回溯傅若金短暂一生,困于当时现实,为实现自己的梦想而在外辗转漂泊,尝尽人间苦难,虽没有什么值得大书特书的故事,其诗文水准和锲而不舍追寻理想的品格还是让后人景仰的。有一首诗很能代表家乡人民对他的怀念和仰慕:"绝域重高节,千古人文传。虽入虎头选,惜乎无全编。元代称名家,诗在魏晋前。后学难错综,揣摩已有年。未见公全集,中心常拳拳。今来宰渝水,正欲窥其渊。哪知所遗稿,零落半蛮烟。求之于寅序,问之于闾阎。不独事湮没,子孙多凋残。田庐兵燹后,烟云几变迁。每过擢秀野,搔首徒怆然。日落照山寺,停骖复流连。追踪杳无处,公灵当在天。"

延伸阅读

傅若金:生于元大德七年(1303),卒于元至正二年(1342)。字与砺,一字汝砺,元代新喻官塘(今江西新余渝水区罗坊镇官塘村)人。出身贫穷,少年时做过篾匠，后拜著名诗人范梈为师，发愤读书，刻苦自学。学成后游历京师，数日之间，词章广为传诵，得到官员、著名诗人虞集、揭傒斯等人称赏，以异才荐于朝廷，但始终未获重用。元顺帝三年(1335)，奉命以参佐出使安南(今越南)，归后任广州路儒学教授。傅若金的文章“无可长短，特以诗传”。其诗“高出魏晋，下亦不失于唐”。”《四库全书》收录了《傅与砺诗文集》。

范梈：元代官员、诗人，与虞集、杨载、揭傒斯齐被誉为“元诗四大家”。字亨父，一字德机，人称文白先生，清江(今江西樟树)人。历任翰林院编修、海南海北道廉访司照磨、福建闽海道知事等职，有政绩，后因病辞归故里。其诗好为古体，风格清健淳朴，用力精深，有《范德机诗集》。

虞集：元代著名学者、诗人，字伯生，号道园，人称邵庵先生。祖籍仁寿(今属四川省眉山市仁寿县)，为南宋丞相虞允文五世孙，其父虞汲曾任黄冈尉，宋亡后，徙临川崇仁(今江西崇仁县)。成宗大德初，任大都路儒学教授，后任国子助教、博士。仁宗时，迁集贤院修撰，除翰林待制。文宗即位，累除奎章阁侍书学士。领修《经世大典》，著有《道园学古录》《道园遗稿》。

石门书声朗——梁寅

一

元顺帝至正八年(1348),客居南京的梁寅在郡博士(府学学官)罗罕的盛情邀请下充任集庆路儒学司训(县学教谕)一职。29岁那年遭遇科考失利而绝意仕途的梁寅,为何时隔十六年后又领取摇摇欲坠的元朝政府的微薄薪俸呢?其实,他内心是渴望山水间的宁静的,就像晚年陶渊明,布衣粗茶花下,荷锄遥望南山。有诗为证:"久厌都市喧,才思山岩静。归饮醴溪泉,怡我淳朴性。"(《归醴溪》)——他的故乡醴溪安静地坐落在崇山峻岭之间。我转念一想,或许因为这个职务与他此前从事多年的教书育人的事业密切相关吧。他恐怕没有料到,这次短暂的任职经历却成了他人生之路的分界点与转折点。

坐在寒碜的儒学司训衙署里,就着一盏油灯翻阅浩如烟海的经史子集时,梁寅是否经常微闭双眼,回忆在家一边开学办馆,一边博览群书的细枝末节?提笔蘸墨之际,面对洁白的宣纸,他又将如何开启自编教材的新篇章呢("博稽训诂以启塞,根之义理以达其机,隐也使之显,略也使之详。"《诗演义·自序》)?

二

梁寅的血液里一直流淌着隐居世外的因子，他的祖父、父亲都是擅长诗词的文人，而且都隐居不仕。最寻常的生活图景是：荷锄归家之后，随口吟诵一两首五言律诗，然后薄酒淡茶、清风明月，把世界融化在无边的恬淡质朴中。耳濡目染，梁寅从小就流露出读书的天分——"幼慧而朴，不嬉遊，唯学读书，不由师授……"17岁，他开始登上讲坛。冥冥之中似乎已经注定，他的一生与讲坛结为一体了。然而，初执教鞭的梁寅也许觉得知识储备不足，视野不够开阔，况且"远方"向来是激荡年轻之心的源头，三年后，他怀揣广交天下文友的梦想，背着简单行囊来到隆兴路(南昌)。

年轻人的世界注定在远方。离开熟悉的山水草木，来到人流熙攘的街市，与一帮豫章名士吟诗唱和，梁寅像一块璞玉，他的锦绣文章和不俗谈吐渐渐吸引了众多文人墨客的目光。在这儿，梁寅深得一个人——前翰林应奉滕玉宵的喜爱与器重。滕府客厅里，捧读梁寅恭恭敬敬呈上的文章，品味字里行间流露的不俗见解，滕玉宵觉得这个身体单薄的年轻人体内蓄积了一股惊人的能量，是可造之材，便把他留在学馆，管理数以千计的图书。

绿树繁花掩映着散发木质清香的藏书楼，推开大门的一瞬间，幸福的晕眩顷刻笼罩在这个来自偏僻乡村的文学青年身上。阳光透过窗棂，投射在层层叠叠的线装书上，徘徊在曲折迂回的书架间，信手翻检那些昏黄的册页，一个浩渺幽深的世界在梁寅面前徐徐展开。我能感受，那些浸润古人心血的方块汉字，起承转合，在梁寅的眼底游动，他周身的血液一定是沸腾的，一路呼啸，裹挟着一颗驿动的心轻盈地飞翔起来。

视野有多宽心就有多大。在滕府，遍览诗书的梁寅始终未能忘记"教书育人"的使命，他终日思考的问题是，如何将所学知识播撒到那些幼小的心田。一个偶然机会，他结识了前国子监博士、儒学提举刘有庆。这是梁寅遇见的第二个"伯乐"。十年树木百年树人，任何一个通过科举走上仕途的读

梁寅故里的夫子堂 聂朋 摄

书人都深知教育的重要性。梁寅对教育的偏爱给刘有庆留下极其深刻的印象，随即把他推荐给南昌富豪邓、姜二家，担任其家庭教师。很快，梁寅的博学多识和因材施教让邓、姜二位东家钦佩无比，久而久之，亲朋好友、邻居街坊的子弟都慕名而来，学生越来越多，原来的学馆容纳不下，梁寅不得不借用寺庙僧房做临时教室。望着一排排吟诵四书五经的学子，不知道梁寅的心里可曾升起些许成就感？

梁寅在南昌前前后后待了差不多十年。十年间，他广交文朋诗友，遍览古今图书，可以说为今后毕生从事教育奠定了坚实的基础。师者，传道授业解惑也。教师自身不具备丰富渊博的知识，又如何为学生答疑释惑呢？何为“师者风范”？我认为除了仪表端庄之外，更重要的恐怕还是“腹有诗书气自华”吧。梁寅深懂为人师的真谛，所以一边执教，一边苦读。只是拨亮油灯，翻开书卷的刹那，会不会想起数百里之外的母亲，想起白纱似的晨雾、清波粼粼的醴溪和游戏其中的鱼虾呢？

和所有读书人一样，年轻的梁寅也曾怀揣“金榜题名”的梦想。可是29岁那年，首次参加科考的他却名落孙山。此前的寒窗苦读固然有充实自己，便于教学的考虑，主要原因还是为了挤上科举这座“独木桥”吧。所以，考试失利对梁寅的心理打击很大——前途茫茫，出路在哪里？回到家里，落寞的梁寅脸上布满愁云。

知子莫如母。梁寅看不见希望的时刻,母亲一句话点醒了他——“子未闻《书》云:‘孝乎惟孝,友于兄弟’何必介介乎!”从小处说,每个人都有自己的活法,干吗非得吊死在“科考”这棵树上?往大处讲,致力于教育,为国家为社会培养输送各种人才,不也相当于“从政”吗?母亲的话让梁寅醍醐灌顶,认清了功名利禄的本质。孔子弟子三千,中有七十二贤,人生最大的成功是帮助更多人走向成功。梁寅告别家乡的青山绿水,重新回到南昌,回到素朴简陋而书香馥郁的讲台前,直至母亲辞世。

三

母亲去世的消息传来时,梁寅正在给学员们讲解理学大家朱熹的一篇文章。令人窒息的停顿持续了一炷香的工夫,学员们发现老师的目光一下子潮湿起来。屋外细雨如麻,梁寅的内心却掀起惊涛巨浪。他拼命控制自己的情绪,努力保持平常的步态,走到门外。送信的乡亲戴着斗笠,站在学舍外面,默默等候梁寅收拾行李。与一干朋友匆匆辞别,梁寅背着包袱星夜兼程。

在亲友邻居的帮助下,梁寅将母亲埋葬在家门对面的山坡上。母亲是世上唯一懂得梁寅心思的人,失去她,梁寅的天空塌了半边。他在母亲的坟墓旁边搭建了一间房子,将所有藏书搬进去,一边读书,一边守孝。他要好好地陪伴母亲。

梁寅画像 聂朋摄

远山如黛,溪水潺潺;流云奔突,飞鸟展翅。故乡的一草一木、一砖一瓦在梁寅的眼里都幻化成促膝长谈的良师诤友,那么亲切,那么自然。随着学问日益精进,加上固有的名声,很快,四里八乡的青年学子纷纷前来拜谒,求教。时间一长,原本用作起居的房子成了名副其实的书屋(学校)。或许此生真的与书有缘,与教育结下了解不开的情节,学生越聚越多,狭小的屋子已经容纳不下,梁寅只好借用村中祠堂的厢房开设书院。

此时,元朝的统治已属强弩之末,贫富分化日益明显,普通百姓的日子越来越艰难。官府的层层盘剥导致民愤积压,像一个火药桶,等待点燃。貌似平稳的表面,已经步入破碎的前奏。饱读诗书,静观局势变化的梁寅不可能对此没有预见。但是,面对纷乱复杂的社会形势,一介书生能做什么呢?唯有培养更多学生,期望他们早日成为栋梁之材,造福苍生。

从回乡奔丧到创立书院,一晃眼十三年。回首南昌十年,出入于文朋诗友之家,沉醉在册页典籍的疏淡墨香中,是一段多么惬意的时光。倘若有暇,漫步于街头,车水马龙,贩夫走卒,官话和方言交织在喧闹市声中,又是一个令许多年轻人向往的世界。而今举目四顾,翠色满窗,鸟鸣虫吟,乡人扶犁力耕,也总能触发梁寅蓬勃的诗情。

日新月异,梁寅将全部精力倾注在教学和读书上。人生目标变得单纯,常常激发一个人身上无穷无尽的能量。

四

出走与回归是镶嵌在每个生命棋盘里的两个关键词。其中蕴含的东西可能需要我们花费一生的光阴去参悟。

公元1348年(元顺帝至正八年),接到行省架阁官张君济的一纸聘书,梁寅再次从家乡出发,前往江宁(今南京)。也许镶嵌于崇山峻岭间的青砖黑瓦无法缚住梁寅飞翔的翅膀,也许对方开出的薪酬待遇足以解决濒于穷困的家境,梁寅不得不暂时关闭书院,远走他乡。

在张君济府上做了大约一年的家庭教师后,梁寅旋即受聘担任集庆路儒学司训一职。儒学司训专门管理一方教育,在元末等级分明、歧视汉人官员的官僚体系中只是一个微不足道的岗位。看起来梁寅赴任,似乎与此前的绝意仕途互相矛盾。难道他在风雨飘摇的时局夹缝中觅到了一条实现人生价值的“小道”？后来的事实证明，尽管梁寅成了庞大公务员队伍中的一分子，却始终能保持读书人应有的尊严——“廉能自守，从未登权贵之门。”可是仅仅一年，梁寅便辞职不干了。缘何辞职？我想官场与学堂终究是两重天。

失去了固定收入，梁寅又要为一家人的口粮问题殚精竭虑。来自山东曲阜的学生王宗、薛玉成深知老师的境况，二人商议后，热情邀请梁寅去曲阜开馆授徒。能去孔圣人的家乡开馆授徒，无疑是以最恰当的形式向孔子致敬，这个计划不能不令梁寅心动。那几天，兴奋的梁寅也许联想到孔子门下七十二贤，甚至幻想自己桃李满天下的美好未来。但年迈的父亲是他心头的牵挂，寄居南京三年了，他要回去看看父亲，看看家人。再三思虑，梁寅采取折中的办法，商定明年再去。岂料第二年爆发红巾军起义，一时间风云变幻，动荡不安的局势使北上开馆的计划化为泡影。什么叫“生不逢时”？我想梁寅这一刻是深深体会到了。

南京从此成为梁寅人生版图中的宿命，成为他飞越不了的一道屏障，而曲阜只是一座遥不可及的蓬莱仙山。红巾军的猎猎战旗与震天呐喊声中，梁寅面向北方的一声长叹，融化在黄叶翻飞的萧瑟秋风里。

五

从红巾军起义爆发到朱明王朝建立，历时十七年。十七年间，江山易主，上演了多少幕人间悲喜剧。十七年间，梁寅一直隐居在家乡——群山环抱中的一个小村庄。因地处偏僻的赣西，加之起义军的目标主要是北方，所以那儿并不是主战场。年近花甲，埋头于明经释典的梁寅静观时势变化，忐忑中等待一个新政权的诞生。话又说回来，梁寅并非“两耳不闻窗外事，一心只读圣贤书”，动乱不堪的年代也不可能给他这份悠闲。混乱、腐败的社会现实频频捶打他的神经，百姓的悲惨遭遇化作一腔悲愤倾泻在其诗作

黄子澄为梁岷所立《文林》匾　聂朋摄

中。“烈日每愁看赤地，玄云即待起层阴。眼中百物嗟凋耗，多难谁知天地心。”（《病起言怀三首·之二》）“传闻渝水上，蔽日甲兵尘。野战哀田叟，山行泣妇人。”（《初夏五首·之五》）自古以来，战争的灾难都降临到普通百姓头上。动荡不安的日子什么时候到头呢？

好容易等到江山易主，秩序稳定，梁寅已是六十五岁的老者了。连年战乱，百废待兴，新生的朱氏王朝极力推崇文教事业，对痴心于教育的梁寅来说是一大福音。

某日，临江府知府刘贞慕名聘请梁寅担任府学老师。官差呈上文书，他二话没说，欣然赴任。终于可以安放一张课桌，心无旁骛地一边教学一边著述了，梁寅顿生“老骥伏枥，志在千里”的豪迈，对未来充满了期待。

洪武二年（1369）八月，新朝要重新确立礼乐制度，需要征召天下硕儒前往都城应天考订礼乐之制，编撰礼书。地方推荐，朝廷审核后，梁寅与另一位老乡胡行简被选中。议定礼乐时，朝廷分礼仪、法律、制度三个局进行讨论，梁寅分在礼局。多年的学问积累，此时派上了用场，许多有待廓清的内容到了梁寅那儿一一迎刃而解。一年后，五十三卷礼书编成。朱元璋折服于他的才学，又命修《元史》。竣工后，朝廷授以礼部主事一职，梁寅以年事已高为由推辞不干。那年，他六十七岁。一个六十七岁的老人，想来功名利禄在他眼里早已视同烟云，还有什么比得上像老乡陶渊明一样回归田园，怡然自乐好呢？或许从梁寅身上领悟了一些生活真谛，与他一道进京编书的胡行简也效仿他辞官不做，回乡安居。

洪武十年（1377），是梁寅一生中最黑暗的一年。那年二月，他的长子梁岷去世。老年丧子实乃人生巨痛，谁能体会一个白发父亲为黑发儿子送行

的悲怆？哀乐声中，梁寅强忍悲痛，亲自为儿子撰写墓志铭，将如山的父爱倾注在一笔一画、力透纸背的小楷字之间。

这年春天，梁寅创办的石门书舍(后发展为石门书院)建成开张。

琅琅书声响遏行云，回荡在青山绿水间，直至梁寅辞世。

六

我以为，梁寅是中国古代知识分子的一个标本，儒道思想兼具一身。无论朝代怎样更迭，几乎每个读书人都有“修身齐家治国平天下”的远大理想。生逢乱世的梁寅无法实现“治国”之志，选择走上讲台，将学问种子播撒在年轻一辈的心田里，期望他们有朝一日成为栋梁之材。后来辅佐建文帝的忠烈之士黄子澄、练子宁，历事三朝的能臣金幼孜就是其中的杰出代表。可见，有所作为并非只有通过科举做官才能实现。

其实，生活在元末官吏腐败、民不聊生的严峻环境中，梁寅本可以效仿其父辈，不问世事，终生隐居山林。他的诗词恬淡自然，颇具隐逸之风。如“曲迟照林坞，百尺悬萝茵。开轩坐垂钓，水清如我心。”(《题印士寺罢钓轩》)“檐溜泻泉声，寒透疏棂。愁如百草雨中生。谁信在家翻似客，好梦先惊。花发恐飘零，只待朝晴。彩霞红日照山庭。曾约故人应到也，同听啼莺。”(《浪淘沙·夜雨》) 他醉心于典史古籍，学有所长，“寅平生著述甚富，于《易》、《书》、《诗》、《春秋》、《周礼》、《礼记》皆有训释……书不少数千卷……”(《四库全书总目提要》)，假以时日，埋首书案亦能成就一代大家。但他没有钻进黄老之术的牛角尖里追求无欲无为，而是耗尽毕生精力著书立说、传道授业，将一批批优秀学子送上社会，无疑是用另一种形式实现“治国”的宏愿。

一个有理想有梦想的读书人绝不会终日龟缩在象牙塔里，人生价值之门的叩响需要梁寅一般的呕心沥血。

延伸阅读

梁寅:生于元大德七年(1303),卒于明洪武二十三年(1390),字孟敬,学者称为“梁五经”。今江西新余市渝水区下村镇梁家村人。生活在元末明初的社会大变革时期,科考失利后征召为集庆路(治所在今江苏南京市,当时辖境相当今南京市及江宁、句容、溧水、溧阳、高淳等县地)儒学训导,晚年隐居家乡,因创建石门书院,又被称为“石门先生”。他潜心学问,广交师友,参经制礼,传授知识,成为一代理学家。梁寅保留至今的经学著作有《周易参义》十二卷和《诗演义》十五卷(或说八卷)。对于梁寅的文章,《四库全书总目提要》的评价是:“寅邃于经述,故其文皆能原本注疏,经义纷论,颇为醇雅有法。”而且“其文理极醇雅,持论多有根柢,不同剽掇语录之空谈”。作为具有高古之气的硕儒,梁寅的文章中体现出一种醇雅之美。

行省架阁官:各行省所设置的管理档案库的官员。“架阁库”即中国古代的档案库,它始设于宋太宗至道元年(995)。“架阁”为贮存档案的木架,数格多层,便于分门别类存放和检寻。宋代各级国家机关普遍设置架阁库,中书、门下、尚书三省架阁库,由三省制敕库房主管,收贮皇帝诏令、制书和其他档案。地方机关架阁库始设于江南西路。北宋仁宗时转运使周湛首创千文架阁法,以日月为次第连粘排列保管。此法得朝廷表彰推广,各级地方机关皆置库效法。元、明二代沿袭架阁库制度。

红巾军起义:韩山童、刘福通、徐寿辉等领导的元末农民大起义,爆发于元顺帝至正十一年(1351)的颍州。因起义军头裹红巾,故称“红巾军”,又因其烧香聚众,亦称“香军”。1355—1363年,刘福通在亳州(今安徽亳县)立韩林儿为“小明王”,国号“大宋”,年号“龙凤”,后被地主武装镇压。原属红巾军的朱元璋独树旗帜,1368年正月在南京称帝,建元洪武,国号大明。红巾军农民起义历时13年,是中国历史上继唐朝末年黄巢起义之后又一次全国性的大规模农民起义。这次起义,使北宋以来长期积累的土地兼并和土地集中问题得到较大幅度的调整和缓和,从而促进了社会生产力

的发展,导致了明初的“移民垦荒”运动。明初阶级矛盾之所以得到一定程度的缓和,正是拜农民起义所赐。

书院:唐宋至明清出现的一种独立的教育机构,正式的教育制度则是由朱熹创立,原由富室、学者自行筹款,于山林僻静之处建学舍,或置学田收租,以充经费,后由朝廷赐敕额、书籍,并委派教官、调拨田亩和经费等,逐步变为半民半官性质的地方教育组织。最早的官办书院开始于唐朝,为开元六年(718)唐玄宗在东都洛阳的丽正书院。宋代书院的兴起是始于范仲淹执掌南都府学,特别是庆历新政之后,在北宋盛极一时。这时候出现了四大书院的说法(江西庐山的白鹿洞书院、湖南长沙的岳麓书院、河南登封的嵩阳书院和河南商丘的应天府书院)。到了南宋更盛,皆聘请大儒主持,成为理学书院。元朝时书院制度更为兴盛,专讲程朱之学,并供祀两宋理学家。明朝初年书院转衰,直到王阳明出,书院再度兴盛。随后书院因批评时政,遭当道之忌,明世宗、张居正皆曾毁书院,尤其是东林书院事件,魏忠贤尽毁天下书院,书院乃大没落。清朝刚建立,对书院所保存的元气,犹有余悸,继续抑制书院。雍正十一年(1733),正式明令各省建书院,改采鼓励态度,书院渐兴;惟不分官立私立,皆受政府监督,不复宋元时的讲学自由。庚子后施行新政,诏令将全国书院改制为新式学堂,书院制度瓦解。

在我国古代书院一千多年的历史中,江西是最发达的省份之一,并数度“独领风骚”。据清雍正《江西通志·书院》统计,江西共有书院368所,其中创建于唐代的5所,南唐2所,宋代131所,元代36所,明代166所,清代28所。另据清光绪《江西通志·书院》记载,江西书院达526所。有学者根据其他各种史籍、志书、笔记、碑刻统计,认为江西古代书院足有千余所之多。除白鹿洞书院、象山精舍外,唐代的东佳书院,五代的华林书院,宋代的雷塘书院、樱桃洞书院、盱江书院、濂溪书院、东湖书院、白鹭洲书院、鹅湖书院,元代的慈湖书院,明代的康斋书院,石洞书院、青原会馆、正学书院、仁文书院,以至清代初年的三山讲学与清末的经训书院皆可在中国书院史上占有一席之地。

练子宁:名安,三洲(今江西省峡江县水边黄家村)人。英迈超群,洪武十八年(1385)以贡士廷试对策,力言强国富民之道,擢为一甲第二名(即榜眼)。初授翰林修撰,后任工部侍郎。建文年间改任吏部侍郎,以举贤荐能为己任,政声斐然。建文四年(1402),燕王朱棣攻破南京,即帝位,改年号永乐,称成祖。遂将练子宁绑缚上朝,练子宁大义凛然,痛斥燕王篡权谋位,大逆不道。燕王恼羞成怒,命人将练子宁的舌头割去。燕王说:"我欲效周公辅成王。"子宁闻言,用手伸进口里蘸着舌血,在殿砖上大书:"成王安在!"燕王大怒,命磔尸,并诛杀练氏族人151人,被放戍边的亲属371人,练子宁的家乡金川镇东坊四图练家村480户人家惨遭横祸,无一幸免,仅幼孙练珍被侍婢救出,藏匿于民间,练氏才幸免被杀绝。

金幼孜:名善,以字行,号退庵,今江西省峡江县罗田镇徘山村人。建文二年(1400)进士,授户科给事中。永乐元年(1403)任翰林检讨,与吉水学士解缙同值文渊阁,升侍讲,为太子讲学。永乐五年,迁右谕德兼侍讲,永乐十二年与胡广、杨荣等纂《五经四书性理大全》,迁翰林学士。永乐十八年与杨荣并为文渊阁大学士。随明成祖朱棣历次北征,据马鞍立记山川地形。明仁宗即位后,拜户部右侍郎兼文渊阁大学士,旋加太子少保兼武英殿大学士。洪熙元年进礼部尚书兼大学士,依旧担任翰林学士。明宣宗时,修两朝实录。宣德六年十二月(1432)初逝世。著有《北征录》及《后北征录》,后人集其遗文辑成《文靖公全集》。

信仰的力量——黄子澄

一

京城失陷的噩耗传到黄子澄耳中时，这位建文王朝的得力干将面朝北方痛哭流涕。他知道，属于他的时代就要落幕了。两年间发生的一切像一个绚丽多姿却又异常脆弱的梦，最终被燕王朱棣的刀剑砍杀得支离破碎。

然而黄子澄并不像某些开门跪降之辈那样，摇身一变做了新朝的奴才，绝望之余他期待奇迹的发生。他先是躲过燕王密探的盯梢，悄悄潜入苏州找到知府姚善，将渡海搬兵的计划和盘托出。烛光闪烁的密室里，姚善沉吟良久，认为自己守土有责，没有答应；黄子澄仍未死心，继而与曾任袁州知府的退休官员杨任商讨复国之计，却不幸被人告发，做了朱棣的俘虏。为了萦绕心间的梦想，已是瓮中之鳖的他作了最后的努力。遗憾的是昙花一现的建文王朝还是倒在朱棣滴血的屠刀下。

作为太仓武士汤华邀功请赏的珍贵礼物，披头散发的黄子澄被一辆囚车载着，押送应天。一路上，看着猎猎作响的燕兵旗帜，想象宫廷一夜之间仓皇易主的凄凉景象，黄子澄内心经历了怎样残酷的煎熬呢？

他一定会想起数年前那个难忘的下午。那天，在皇宫东角门下，即将登上王位的皇太孙朱允炆悄悄拉住他的衣袖，问他怎样才能搞定那些拥兵自

黄子澄像

重的皇叔。如此机密要事竟然找他商讨，足见黄子澄在未来皇帝心目中的分量。朱允炆的担忧并非没有道理，当时驻守全国各地的藩王虽然没有封地的管治权，但都拥有护卫军队，少则三千，多者一万九千人。驻守北方边境的九位边王军权更大，如驻守内蒙古的宁王“带甲八万，革车六千”。谁能保证未来某一天，某位藩王治下嘶鸣的战马与身披甲胄的士兵，不会驰向京城，与缺乏经验的年轻皇帝刀枪相见？黄子澄似乎成竹在胸，以一位智者的淡定神情安慰朱允炆：“诸王护卫兵，才足自守。倘有变，临以六师，其谁能支？汉七国非不强，卒底亡灭。大小强弱势不同，而顺逆之理异也。”——藩王的护卫兵乃乌合之众，能成什么气候？倘若真有那一天，皇上您一声令下，征召各路兵马前去镇压，谁能抵挡？这番说辞颇有些“谈笑间樯橹灰飞烟灭”的大气。接着，博学多闻的他引经据典，用西汉七国之乱的事例继续宽慰忐忑不安的小毛孩朱允炆。那时的黄子澄给人的印象是一个稳坐中军帐的元帅，深谋远虑，处变不惊。

他或许想起辅佐新皇帝的日日夜夜，想起在皇帝主导下对帝国政治、经济、司法体制进行的一系列轰轰烈烈的改革。这些旋风般的改革措施包括：文官待遇方面，六部尚书的品级由过去的二品提升为一品，与都司同级，行政大权开始有意识地过渡到文官手中；机构设置和人员编制也有变动，户部、刑部所属司从十二个减为四个，都察院中的两个都御史合并成一个，国子监和翰林院的各项职责和人员编制却大为提高和扩大；改进太祖所实行的严厉的法律制度，禁止以诰文为根据来进行审理和判案，同时停止张贴榜文；财政方面制定一些新措施削减税收，最重要的是减少江南过度的土地税……那时的黄子澄像一个思维缜密的改革设计师，推动帝国这艘大船按照自己设定的方向扬帆航行。

他或许想起关键时刻所举荐的曹国公李景隆并未力挽狂澜，扭转局势，朝廷军队在与燕王部队的作战中一败涂地。跌入失望与羞愧深渊的他仰天长叹，写下一首诗：仗钺曾登大将坛，貂裘远赐朔方寒。出师无律真儿戏，负国全身独汝安。论将每时悲赵括，攘夷何日见齐桓。尚方有剑凭谁借，哭向苍天几堕冠。失败的阴影笼罩着整个皇宫，他主张军法处置李景隆，以儆效尤。一向言听计从的皇帝这回却拒绝了他的建议，反而大大方方地赦免了那位败军之将。很有讽刺意味的是，后来燕王进攻应天时，李景隆一转身为其大开城门，成为投降先锋。

他或许还想了许多……但想得再多又有什么用？站在囚车里的黄子澄已经不再是那个能说会道、计谋多端的翰林学士了。在血淋淋的事实面前，他唯有沉默，在沉默之中酝酿"宁为玉碎"式的悲壮。

朱棣要看看那个为侄儿出谋划策的江南文士是何模样。诛灭了那个顽固不化的方孝孺之后，他要测试黄子澄的骨头到底有多硬。

一个是刚刚夺取皇位的枭雄，一个是彻底失败的阶下囚。像此前对待方孝孺一样，朱棣要挟黄子澄效仿唐朝魏征易主尽忠，虽然他像乃父朱元璋一样，可能从心底瞧不起这些手无缚鸡之力的文人。可是他显然低估了眼前这个须发凌乱却异常平静的书生。当他故伎重施，用荣华富贵来引诱黄子澄时，黄子澄淡然一笑，说："富贵乃瞬间之事，何足轻重！"——短短一句话就瓦解了朱棣的嚣张气焰。短暂的建文王朝是填充黄子澄心海的唯一，当一个人树立信仰并用一生作祭奠时，肉体的享乐或名利的诱惑已经等同于无，他早已把生命献祭给纯粹的信仰。这种时候，黄子澄身上爆发的能量足以震慑千军万马。

备感羞辱的朱棣还想寻找突破口。他下令将黄子澄族亲六十五人和妻族外亲三百八十一人从遥远的分宜押送至繁华京城。以四百余人的性命做赌注，他要高高挑起黄子澄最脆弱的神经，摧垮他最后一道心理防线。事情并没有朝他预料的方向发展，四百余人环跪午门，泣血哀号，骨瘦如柴的黄子澄置若罔闻。驰骋战场杀人无数的朱棣居然无法征服一个手无寸铁的文人,强大的内心瞬间赢取了这场较量。黔驴技穷的朱棣只有剥夺黄子澄的生存权了。

刽子手先是砍断他的双手,继而双脚……暗红的鲜血在物是人非的宫殿里流淌。传说中下落不明的建文帝朱允炆,如果听到这一骇人消息,又会作何感想呢?

万里江山顷刻之间硝烟四起,更换了主人,黄土之下的朱元璋是否也在为自己当初的愚蠢举措而后悔不迭呢?他上台之后大肆屠杀功臣,出发点可能是为了巩固皇权,消除造反的隐患,为皇太孙日后登基铺路。但任何事情都有正反两面,朱元璋此举的直接后果便是燕王起兵"尊祖训,诛奸臣"时,朱允炆手中已经没有可堪大用的军事统帅用来"剿匪",胜利的天平从一开始便倾向对方。加上最高首领朱允炆的仁弱,核心谋士的低级失误,必然导致战略全局的崩溃。在文治武功、韬略计谋方面,作为叔父的朱棣显然高出朱允炆一筹。

二

朱允炆初登龙位之时正是黄子澄风光无限之际。自从洪武十八年会试得中第一名,殿试位列探花,黄子澄的仕途一片坦荡——从翰林编修至修撰、东宫太子伴读,一直至太常寺卿。朱允炆即位后,黄子澄更是深受重用,以翰林学士身份直接参与管理朝政。与祖父的英武、专断及残暴相比,朱允炆血液里流淌的却多半是仁慈的因子。上台伊始,他便决心改革先朝某些过于严苛的制度,这一施政方针恰好为黄子澄施展才华提供了一个绝佳的舞台。

和北宋时期的江西老乡、著名改革家王安石一样,有皇帝的信任做靠山,黄子澄和齐泰、方孝孺等人得以放开手脚,在改革一线辛勤地忙碌。

沧海桑田,物换星移。大多数关于改革的文字记录已经不知所终,我们也就无从了解当时的详细信息,但从建文时代典章制度相关书籍中,还是可以搜寻到一些蛛丝马迹。

很显然，新政策制定和执行的权力操控在以黄子澄等人为代表的一班文官手里。虽然皇帝并没有正式任命哪一个人为丞相，可是上述人等已行丞相之职，这与《祖训录》中严厉禁止任命丞相的条文形成事实上的违背。朱允炆想放权,想在铁桶似的皇权专制体系上撕开一条缝隙,目的无疑是重建一套新的管理体系,并借此抬升文官的政治地位,削弱将军与皇子们的权势,为日后的削藩做足铺垫。这是一把极度危险的双刃剑,它仿佛一群咆哮的怪兽,朝那些饱食终日、固守陈规的官僚和皇族们张牙舞爪。尤其以燕王朱棣为代表的众位藩王,已经感觉到改革的利剑正渐渐逼近自己的背脊。虽然有人推断,种种迹象表明,早在朱允炆即位之前,朱棣就已紧锣密鼓地筹划夺取龙位,但谁能否认这些改革激进分子及其操之过急的改革措施明显触犯了朱棣们的既得利益,因而成了后者起兵的导火索呢？事实上,朱棣正是打着"尊祖训,诛奸臣"的旗号进攻应天的。

黄子澄故里,位于分宜县大岗山南

俗话说"新官上任三把火"。每一个新上任的官员总希望按自己的意图推出某些有别于前任的举措,这既蕴含"新的开始"的良好愿望,同时也不排除展示工作能力,短时间内获取政绩的表演欲望。就像那些玩积木的小孩,前面的玩腻了,走了,后面上来的必定推倒重来。只是朱允炆和黄子澄他们的"三把火"烧得太急也太旺了,热浪波及那些既得利益者,最终招来疯狂的扑火之人。因此,在强大的旧体制面前,这几个人的革新思想以及革新实践便沦为政权覆灭的殉葬品。

另有一项饶有意味的财政改革——限制佛、道二教寺观所能拥有的免税土地数量。众所周知,太祖起事之前曾经入寺为僧,马上夺取天下之后,对僧道自然有难以言说的好感,人都有恋旧心理。有当朝皇帝的庇护,许多僧道趁机攫取大量土地，摇身一变，成了有权有势的地主。发展到后来，有些僧侣不但占据寺庙附近农民的土地，而且强迫他们给自己服劳役，俨然成了特权阶级。朱允炆上台后颁布诏令，规定每名僧道只许拥有不超过五亩的免除赋税的土地，其余占用的土地必须交出来，分给需要土地的百姓。这样做的后果是直接削减了僧侣们的既得利益，得罪了数量众多的佛教徒。出身佛门的道衍(姚广孝)以及众多僧人投身燕王朱棣，成为其夺取政权的重要力量，很难说与上述“苛刻”的改革条令没有某些微妙的关系。

黄子澄辅佐建文帝推行一系列新政时正值年富力强，当他看见自己制定的政策正在全国范围内一条一条变为现实，一定感觉未来正像一幅徐徐展开的美丽的卷轴。但他可能没有意识到，所有这些看似理想的治国之道，因为已经偏离先皇定下的轨道，正将政权带向毁灭的边缘。这些改革措施不仅冒犯了皇族的利益，限制和削弱了他们的特权，而且由于大幅度提升文官地位，驰骋沙场的武将们私下里肯定心有不甘，凭什么好处全让他们占去呢？所以后来王师出征时，临阵倒戈的将领也不在少数。所有这些都意味着所谓的“新政”却成了他们亲手编织的黑暗牢笼。

文人做事往往一根筋。黄子澄信心满怀地代表皇帝施政，一定对皇帝的极度信任感激涕零吧？在一个忠心耿耿的臣子眼中，最高统治者的亲密与信任无疑是其勤勉工作的强大精神动力。即便偶尔冒出反对或不够协同的声音，黄子澄的反应也是正正衣冠，掸掸灰尘，一笑置之。他与皇帝的关系已经远远超出君臣的范畴，那种异常的亲密从当初东角门咨询削藩时便已奠定。所以，朱棣逮捕他并劝降时，碰了一鼻子灰也是正常之事。反言之，如果他审时度势投靠朱棣，做出背信弃义之事，便无法逃避以“忠臣不事二主”为总纲的道义审判。所以，朱棣最后命他写自供时，他立

建文帝像

马提笔写道:“湜为先帝文臣,不能谏削藩权不早以成,此凶残后嗣,慎不足法。”后悔没有早下手清除燕王,铸成大错。所以,摆在他面前只剩一条路:以身殉道。

社会发展史上,变法与守成之间的斗争总是上演不息。守旧势力像一池子浑浊不堪的污水,倡导革新的少数人成了投进水中的石子,尽管有义无反顾的决心与不怕牺牲的勇气,可惜激起几圈涟漪之后,池塘复归平静。确实,在强大的旧体制的围困下,变法的艰难常常超出人们的意料。比如,经历两次鸦片战争的折腾,帝国主义的船坚炮利已经让昏庸的晚清政府领教了近代科技的威力,可是沉湎于“地大物博”的上层官僚们居然还在以“世界中心”沾沾自喜,目空一切。一个明显的例证是,见识了西方科技的李鸿章早在 1874 年就向清廷提议修建铁路,但这一建议却拖延到十五年后才成为现实。十五年,对于一个国家和民族的发展来说意味着什么?珍贵的时间就这样浪费在昏庸腐朽的统治者手中。

朱允炆和他的高级参谋们显然高估了现政权的巩固力度,对改革将要遇到的难度和阻力也没有做充分的思想准备。他们满怀希望与自信地推行“仁政”时,燕王朱棣正厉兵秣马,静待挥师南下的一刻。江南文人的生花妙笔与锦绣文章碰上北方武士的刀光剑影,悲剧就不可避免。

有时候想,假如黄子澄们稍安毋躁,辅佐建文帝解除所有藩王权力后再来推行系列改革,条件与时机是不是更成熟?换句话说,改革的风险是否会大大降低,成功的几率是否更高?

历史不存在假设。时代总需要几个站立潮头的人物,以新的思想和举措,打破固有秩序,推动社会向前发展,从这个角度来看,黄子澄的血溅皇宫,无疑成了抱有同样理想的后来之辈践行社会改革的精神动力。

三

镇守地方的藩王使朱允炆如鲠在喉,他们手中的武装部队更是威胁中而归，决定了整个战局的走向。优势尽失的朱允炆由功转守，陷于被动。败军之将李景隆正是黄子澄向皇帝力荐的主帅人选。颇有意味的是，在讨论谁是合适人选时，另一位参谋齐泰曾极力反对黄子澄的提议，可惜皇帝的耳朵再次倾向黄子澄。六十万大军悉数交付李景隆指挥，朱允炆将赌注全部压在这位名将之后身上，谁能想到收获的却是一个黑暗的结局？失败的噩耗传来时，悲痛欲绝的黄子澄是否为自己的有眼无珠而追悔莫及呢？话又说回来，李景隆不出马，还有谁堪当大任呢？悲情一刻，朱允炆已陷入无人可用的绝境。

黄子澄主张军法处置李景隆。朱允炆却拒绝了这一建议，反而赦免了那位狼狈不堪的将军。两人间的密切合作出现了一丝裂缝。朱允炆的这一举动传达什么样的信息呢？是身边已经没有多少可以使用的将军，留着他将功赎罪，还是故意赦免他，向这位得力助手释放“朕自有主张，不必每次都听你的意见”的信号？富有戏剧性的是，朱棣攻打京城时，李景隆毫不犹豫地开门迎降，皇帝的不杀之恩早已忘得一干二净。

建文四年六月，都城南京陷落。皇宫里火光冲天，建文帝去向不明。摇摆不定、意志软弱的皇帝和思想迂腐、天真自信的参谋一起葬送了一个短命的王朝。

四

属于黄子澄的王朝只存在四年，相对漫长的中国历史，四年不过一瞬；对于黄子澄一生而言，这四年却是波诡云谲、跌宕起伏的四年。与同朝文臣齐泰、方孝孺等人一样，儒家传统教育熏陶下的黄子澄，不惜用生命诠释士的忠诚，如一颗流星划过浩瀚天幕，直至蓄积一生的能量刹那间释放殆尽。

信仰产生的离奇力量常常令人无法想象。精神支柱的强大，很多时候足以支撑一个人的所有。黄子澄将生死置之度外，并不奇怪，因为从参与削藩大计开始，他的生命就和建文王朝捆绑在一起；王朝覆灭了，个人存在的意义也就随之消解。让人始终无法释怀的是，他居然用数百名亲属的命运为那个夭折的理想殉葬。那些亲属的哀泣最终未能在他心海里激起丝毫涟漪，不惜一切代价维护建文王朝荣誉的愿望始终统治着他。料想战场上杀人无数的朱棣也会惊惧于这种坚韧无比的“绝情”吧？束手无策的朱棣只有拿酷刑折磨黄子澄：命刽子手先砍掉双臂，再砍双腿……只是这些酷刑对于黄子澄来说没有任何意义——信仰主宰大脑时，肉体的一切感觉都会消失。精神信仰纯粹到了极点，外力无论多大都等于零。

事实上，黄子澄的性格缺陷始终被头上的“忠臣”金字招牌所遮蔽。历史演进到他严词拒绝投降，指斥朱棣，继而惨死殿前之时，人物的地位顷刻间得以飙升。他辅佐建文帝时期所患几大失误，包括错误估计重要对手朱棣的实力，延误了打击朱棣的绝佳时机，使其有比较充足的时间做军事上的准备；自以为是地放走朱棣三个儿子，浪费了一个要挟对手的最重要的筹码；有眼无珠，举荐昏庸无能的曹国公李景隆任军事统帅，连朱棣听了都大喜过望，说“赵括之失必然重演”，倾国之兵交在此人手中，结果正像朱棣预料的那样，李景隆的军队一战即溃……事实证明：诗词文章他可以摇头晃脑吟诵之间挥笔写下，军事策略对他而言一片空白。当初老将耿炳文失利，他不但没有认真分析，总结经验教训，反而若无其事，意气昂然地安慰建文帝“胜败乃兵家常事，不足以忧虑。今天下富盛，兵强食足，燕王区区举一隅之兵，怎能抵挡全天下之力”？直到李景隆惨败，仿佛给了黄子澄狠狠一记耳光，他才如梦初醒，但悔之晚矣。一个毫无实战经验的文人仅凭着一股意气或一张利嘴参与军事决策，怎能玩得过久经沙场、工于心计的朱棣？无奈开弓没有回头箭，黄子澄已经骑在虎背

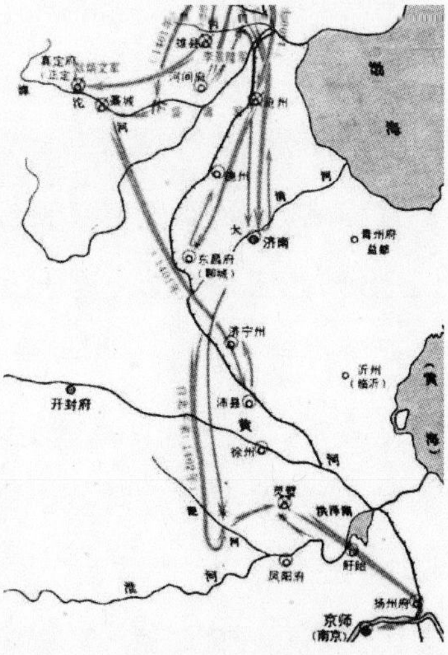

靖难之役示意图

上，只有硬着头皮往前冲了。

这注定是一条不归路，一出刚刚起跑便离成功愈来愈远的悲剧。

太祖朱元璋定下分封诸王的规矩，乳臭味干的朱允炆一上台就想废除，明摆着就是要侵夺皇叔们的利益。天下不是百姓的天下，而是朱家的天下。关起门来，他朱棣、朱允炆还是一家人，黄子澄等乃是外人，不老老实实地替皇帝管理内外事务，却搅和皇帝的家事，是何居心？在朱棣的逻辑里，黄子澄等人显然脱不开"煽风点火，挑拨离间"的嫌疑。所以誓师时他就说过，"陷害诸王，非由天子意，乃奸臣齐泰、黄子澄所为。"把黄子澄斥为奸臣，当然是朱棣夺取政权的借口。所以入主南京后，他才会欲盖弥彰，革除建文年号，继续使用"洪武"纪年，即建文四年改为洪武三十五年，次年改元永乐，同时下令销毁建文时期档案，恢复建文朝之前的一切成法和官制。角斗中获胜的他试图将这个短暂的王朝从史书中抹去，让它消失得无影无踪。但在浩瀚的时间长河面前，再大的权力也不过是一个虚拟的道具，唯剩"忠臣不事二主"式的理想主义在无边血色中演绎悲壮，普通百姓的生死悲欢都做了朝代更替的陪葬……

延伸阅读

黄子澄：生于元至正十年(1350)，卒于明建文四年(1402)，名湜，以字行，袁州分宜（今江西分宜县）大岗乡大坑村人。明洪武十八年会试(1385)乙丑科探花，进士及第后官授翰林院编修，后为修撰，伴读东宫，官至太常寺卿。洪武三十一年(1398)，朱元璋驾崩，长皇孙朱允炆继承帝位，是为惠帝，改年号为建文，命黄子澄为翰林学士，与兵部尚书齐泰(今江苏溧水人，洪武进士)同参国政。在黄、齐等人辅佐下，朱允炆借削藩巩固皇权，燕王朱棣以"清君侧"为名，起"靖难"之师，挥戈南下，建文四年(1402)渡江，很快攻下京城，夺取皇位，是为明成祖。朱棣即位后，劝黄子澄投降，黄子澄誓死不从，被处以磔刑。黄氏家族惨遭牵连，一共诛杀一百多人，四百多人充军戍边。直到正德十五年(1520),即118年以后,朝廷才下诏令为他平反昭雪,在分宜县建成“太常忠臣祠”。万历六年(1519)重修,题曰“表忠祠”。崇祯五年(1632),又诏令将黄子澄的后裔由异姓复为黄姓,当时被株连流戍者,一律豁除回原籍。黄子澄是明代的忠臣,也是一位诗人,一生撰写的作品不少,只是由于政治上的原因,他被磔死后,无人敢保留他的作品,故传世作品不多。

朱允炆:明朝第二位皇帝,明太祖朱元璋之孙,1398年6月在南京即位,时年21岁,年号“建文”。1398年年末,朱允炆即位之初的几个月中,开始考虑怎样增强自己的权力而同时削弱诸封建王国的权力,并且利用或有或无的罪名对那些较小较弱的藩王采取激烈行动。周王朱橚第一个倒台,接着另外四个王子(代王朱桂、湘王朱柏、齐王朱榑以及岷王朱楩)也相继被废,燕王继而成为下一个目标。唇亡齿寒,1399年8月,燕王朱棣誓师抗命,下谕将士,打着“清君侧”旗号起兵“靖难”,史称“靖难之役”。从此,朝廷和燕王之间开始上演一场血腥的、持续三年的军事对峙。叛乱开始时期,燕王尚不占兵力上的优势。他的军队只有十万人;除了其封地北京之外他也没能够控制其他领土。南京的建文朝廷却拥有一支三倍于燕王军队的常备军,又有全国的经济作后盾,并且已经废除了几个藩国。但燕王的领导能力、高素质的军队却非朱允炆可比。随着战争时间的延长,朝廷指挥不当、兵力孱弱、内部松懈的缺点严重影响了战局,结果节节败退,许多将领投降了燕王。建文四年六月,燕军渡过长江直逼南京城下,谷王朱橞与曹国公李景隆打开金川门迎降,京师遂破。燕王军队抵达后的一场混战中,南京城内的皇宫大院起了火。火势扑灭后在灰烬中发现了几具烧焦了的残骸,已经不能辨认,因此朱允炆的下落终成为一桩历史悬案。

齐泰:本名德,获明太祖赐名泰,明溧水(今江苏省南京市高淳区)人。洪武十七年举应天乡试第一,次年成进士,洪武二十八年(1395)擢兵部左侍郎。明太祖临终时,召授他为顾命大臣,辅佐皇太孙。建文帝登基后,命他与黄子澄同参国政,不久晋升兵部尚书,建议削藩。靖难之变后,燕王攻占南京，登上帝位，改元永乐，将齐泰的叔父齐阳彦、堂弟齐敬等七名亲属抓到京师处死。同年六月五日，齐泰也被押到京师，不久与黄子澄等一同被凌迟处死。

李景隆：明太祖朱元璋姐孙、曹国公李文忠之子。洪武十九年(1386)袭爵，曾掌管左军都督府事，累官至太子太傅。建文帝即位后，深受重用。燕王起兵反朝，长兴侯耿炳文与燕兵作战失利，他代为大将军，率兵五十万与燕兵交战。但他不懂兵法，妄自尊大，许多功臣老将弃而不用，结果兵败而回。建文帝认为委任他的权力还轻，又让他统率大军六十万，结果依然大败。燕军渡过长江，他奉命出使燕军，请求割地讲和。燕兵进驻金川门，他开门迎降。成祖即位，封他为奉天辅运推诚宣力武臣、特进光禄大夫、左柱国。朝廷有大事，以他为首主议，诸功臣都愤愤不平。永乐二年(1404)，被副都御史陈瑛、礼部尚书李至刚等告发"在家坐受阍人伏谒如君臣礼，大不道；增枝多立庄田，蓄童仆成千，意叵测"。后家产被抄，卒于永乐末年。

身死从人说是非
——严嵩

嘉靖四十一年(1562)六月二日清晨,白发苍苍的前内阁首辅严嵩,与前来送行的同僚一一拱手作别,登上马车,神色黯然地离开了繁华的京城。

面对这座冠盖云集、车水马龙的都市,回望自己四十多年来经历的风风雨雨,严嵩心潮暗涌,两行老泪在皮肤的褶皱里翻滚。从一个普普通通的农家少年到乡试中举、殿试二甲进士第二名,从翰林院编修到南京翰林院侍读、国子监祭酒,再到礼部侍郎、礼部尚书,直至升任内阁首辅,严嵩击败个个对手,步步攀爬,终于登上权力顶峰。遥想当初,相府门前车马如簇,拎着礼盒的登门拜访者络绎不绝,端坐于太师椅中的严嵩与卑躬屈膝的客人寒暄之余,一定倍感荣耀与自豪吧。然而,很多时候,人生轨迹就像一个圆,寒窗苦读博得功名,仕途升迁位极人臣,繁华过后总是落寞,现在又要回到起点——生养他的故乡分宜了。若干人无数次针对严嵩父子的弹劾,政治对手徐阶的幕后使绊,加上皇帝本人垂暮老人迟钝昏聩的厌倦,再加上御史邹应龙一则《贪横荫臣欺君蠹国疏》,严嵩这座高塔最终轰然倒地。皇帝在惩办严嵩的批示中写道:“嵩小心忠慎,只顺天时,力赞玄修,寿君爱国,人所嫉恶,既多年矣。却一念纵爱悖逆丑子,全不管教,言是听,计是行,不思朕优眷。其致仕去,仍令驰驿,有司岁给禄米一百石资用。”从这份批示中可以看出,严嵩之所以被勒令“退休”,源于其“一念纵爱悖逆丑子,全不管教”,儿子严世蕃祸惹大了。

上天对这位八旬老人的打击远不止于此。回乡闲居不满三年,独子严世蕃因“交通倭虏,潜谋叛逆”处斩。随之,孙子充军,全部家产被抄,风烛残年的严嵩于嘉靖四十五年四月,怀着无限惆怅和哀怨离开了这个纷纷扰扰的世界。临死前,老人留下两句诗:平生报国惟忠赤,身死从人说是非。他可能预料到了后人对他所作所为的议论,但他没有想到史书对他的盖棺定论——“嵩窃政二十年,溺信恶子,流毒天下。人咸指目为奸臣。”(《明史·严嵩传》)。

严嵩究竟是一个怎样的人?有着怎样纷繁复杂的人生际遇?他真的像一些人说的那样,是一个人人厌恶唾弃的大奸臣吗?

一

严嵩曲折一生,与一个关键人物密不可分,他就是明世宗朱厚熜,即后世所说的嘉靖皇帝。

嘉靖在位四十五年,表面上他信奉道教,沉溺于黄老之术,疏于政事;实际上他是一个喜怒无常、精明狠毒、好大喜功、善于操弄权术的君主。即位后,他几经辗转,花了近二十年时间追尊生父为“恭穆献皇帝”,为此不惜动用各种手段打击、清洗异议官员,光“左顺门”事件,就有八名大臣充军边疆,一百八十余位官员被廷杖,其中十八人杖死阙下(《国榷》卷53)。如此血腥镇压的结局是皇权得到有效巩固,皇帝的绝对权威树立起来了,在至高无上的帝国统治者面前,那些尊崇皇族血统论的官员们噤若寒蝉,只有唯唯诺诺,山呼“吾皇万岁”了。严峻的政治形势迫使严嵩像一个体操运动员一样,在臣僚们的明争暗斗和君主的恩威兼施下寻求平衡,其间艰难可想而知。

嘉靖上台之前,严嵩过了一段亦官亦隐的日子。进士及第后,严嵩考上翰林院庶吉士,二十八岁时任翰林院编修,正式步入官场,其后两次归隐故

严氏宗祠

乡铃山。正德十六年八月,“议礼”之争中持观望态度的严嵩被任命为南京翰林院侍读,官虽升了一级,却有职无权,只能眼睁睁看着别人吃香喝辣。那时,微薄的官俸常令严嵩感叹万分,“一官系籍逢多病,数口携家食旧贫”,一家人全靠他养,经济压力很大。嘉靖四年,四十五岁的严嵩迎来人生重要转折点——升任京师国子监祭酒。国子监又名国学、太学,为国家最高学府,祭酒是国子监最高长官,地位尊贵。严嵩由六品侍读破格提升为从四品祭酒,掌管国家育才重地,名誉地位顷刻飙升。随后,严嵩的仕途一帆风顺,直至登上内阁首辅宝座。出身寒微的江南农家子弟打拼一生,赢得了常人难以企及的荣华富贵。

严嵩为何能够获得皇帝的青睐,从而平步青云?首先他的诗赋文章写得好。从其早期作品中随便抽出一首,如《雪霁登铃山》:千峰积瑶素,寰宇映空明。仙人好赤脚,独蹑层冰行。垒石疑琼岛,高楼思玉京。劲风任振木,朗月已辉城。永夜山中宿,山泉松涧鸣。细细品之,颇有些陶渊明、王维的恬淡之气。《奸臣·严嵩传》中也说他“为诗古文辞,颇著清誉”。有这样的文字功底,日后奉旨为热衷于修斋设醮、奉道修玄的皇帝写青词自然是得心应手。当然,随着官阶的晋升,公务与应酬日增,他的后期诗作疏于推敲,乏善可陈。对此,他亦有清醒的认识——“晚登政途,万务劳形……抑皆触口纵笔,率尔应酬,不能求工,亦不暇求工也”,政务繁杂,还要挖空心思写青词,哪儿还有闲工夫对诗词精雕细琢?文人情怀让位于官僚俗务,必然导致才华的枯竭。毕竟那些书写于青藤纸上的华丽精致文字供奉在醮坛时,正是作者备受皇恩浩荡之际。严嵩深知,博得皇帝垂青是第一要务。无怪乎严嵩之前的内阁首辅夏言,之后的徐阶都曾把精心炮制青词作为邀功取宠的手段与击败政敌的利器。其次,严嵩工作很勤奋。嘉靖二十一年,“壬寅宫变”后,差点被宫女勒死的皇帝疑神疑鬼,惶惶不可终日,认为皇宫不是吉祥之地而移居西苑离宫,朝中事务大半落在内阁首辅严嵩肩头上。为了便于办公,朝廷在皇帝居住的西苑天逸殿旁边搭建了一座板房,作为内阁大臣的值班室。二十年里,严嵩就在这间狭小逼仄的板房内为帝国事务昼夜操劳,加上患有失眠症的皇帝时常半夜批阅奏章,值班大臣必须随时候命,他更不敢有丝毫懈怠。按国人习俗,除夕之夜本是家人团聚的美好时刻,严嵩依然坚守岗位。皇帝没有忘记这位勤勉的大臣,特意恩赐一桌酒菜,以示嘉奖。为此,严嵩专门赋诗一首:除夕留西内,君恩赐馔来。既分辞腊面,亦进宜年杯。列炬宫墀映,传筹禁漏催。炉残知夜永,钟动识春回。《奸臣·严嵩传》中记载“……朝夕直西苑板房,未尝一归洗沐。帝益谓嵩勤”。当无虚言。一个须发皆白、祖父级的阁臣本应告老还乡,尽享儿孙绕膝的天伦之乐,如今却仍在通宵达旦、孜孜不倦地为国操劳,这样勤勉的助手不啻是左膀右臂,皇帝能不喜欢吗?第三,也是最重要的一点,严嵩善于揣摩皇帝的心理,恭顺柔媚。封建专制社会,皇帝拥有至高无上的权力,许多事情的走向往往就在一念之间决定。为了标榜所谓“民主”,皇帝做事也需要获取“舆论支持”,所以,他要在大臣中间寻找若干支持他的人。小心谨慎、勤奋有加的严嵩就这样进入他的视野。嘉靖七年,皇帝命严嵩以钦差副使身份随同成国公朱麟祭告献陵,给了他一次高唱颂歌的机会。返京复命时,严嵩在报告中巧妙地讨好皇帝,说祭告献陵时曾出现“云石风雨,鹤集河涨”的吉祥征兆,并请求命内阁辅臣撰文,工部镌刻立石,“以纪天眷”。喜好祥瑞,好不容易为父亲争得谥号的嘉靖皇帝听说有此等好事,不禁龙颜大悦。圆满完成使命的严嵩,会说话的严嵩,晋升的砝码又增加了几个。崇道的嘉靖皇帝命人制作沉香木道士黄帽五顶,分别赐给内阁首辅夏言、成国公朱希忠、京山侯崔元、大学士翟銮和礼部尚书严嵩,并且令他们戴着帽子上班。其他四人都跪受谢恩,唯独夏言拒不奉命,皇帝十分生气。皇帝的用意一清二楚,让他们身着工作服上朝就是想借此测试他们的忠诚度。召见严嵩时,严嵩不仅戴上那顶黄色道冠,而且锦上添花——特意在上面罩上一层轻纱,透露一股神秘之气。皇帝见严嵩如此珍视自己派送的东西,当然高兴至极。非但如此,谨小慎微的严嵩对待皇帝身边的太监都恭敬有加。夏言重返内阁之后,皇帝经常派太监刺探夏、严二人的情报。太监每次到夏言府上,傲慢的夏言根本没把他们放在眼里,经常敷衍两句便高喊送客;到严嵩家里时,他们却获得级别很高的待遇:严大人亲自让座、倒茶,言谈客气而谦恭,临走之际衣袖里还能得到一些碎银。相比正常男人,太监无疑更需要得到哪怕一点点人的尊严。严嵩待他们如此热情,他们回去禀报的结果可想而知。一个自视甚高,目中无人;一个处事圆滑,小心乖顺。夏言最终被冷落遭弃用,乃至招来杀身之祸,其为人处世过于高调也是原因之一吧?所以后人评价严嵩时说:"……嵩真能事帝者:帝以刚,嵩以柔;帝以骄,嵩以谨;帝以英察,嵩以朴诚;帝以独断,嵩以孤立。"(《嘉靖以来首辅传》卷4《严嵩传》)不无道理。

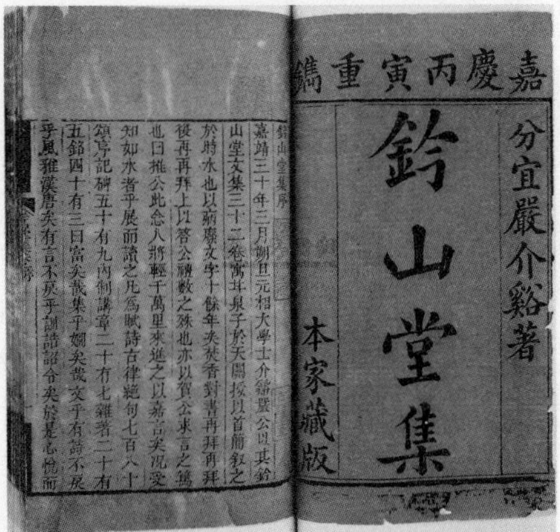

严嵩著《钤山堂集》

奇怪的是,素来善于揣摩帝意的严嵩也有犯糊涂的时候。嘉靖四十年十一月,皇帝与一位尚姓妃子在貂帐内玩弄烟火,不慎引发火灾,熊熊大火一下子吞没了豪华气派的西苑永寿宫。皇帝没了住处,有人主张修复永寿宫,有人主张皇帝迁回大内,这样也便于视朝理政。皇帝未置可否,转而询问严嵩。一向灵活的严嵩这下犯愁了,因为当时三大殿工程正在进行中，且耗资巨大，哪有资金用来重修永寿宫呢？按道理皇上应该重回大内，堂堂一国之君不坐在紫禁城里办公不像样啊，但这样一来又犯了忌讳(皇帝原本就因为壬寅宫变而避居西苑)。左思右想，他竟然提请皇帝暂住南宫，这让皇帝很是不爽。原来当初明英宗被蒙古人也先俘虏放回后，景帝便将他软禁在这儿，是“逊位受锢之所”，严嵩居然要皇帝暂住南宫，这不是明摆着有囚禁皇帝之意吗？说出去的话泼出去的水，收不回了。瞥见皇上那张阴郁的脸时，恐惧和后悔早已碾碎了严嵩的心吧！皇帝对大臣就是这样，你做得千般好他认为你是为国分忧理当如此，一旦出现失误便罪不可恕。果然，一年之后，皇帝便令严嵩退休回乡。

嘉靖皇帝在位四十五年，一共任用了二十八位内阁大臣，其中任用首辅十八人次，平均任期不超过三年，更迭率可谓十分频繁。严嵩花甲之年入值内阁，直至罢相，前后二十年，可以说深得皇帝垂爱与器重。但皇帝并不像人们说的那样昏庸无能，也不是户部主事海瑞那篇名疏中写的“二十余年不视朝”。他虽深居西苑，头脑却清醒得很，表面上让严嵩总理朝政，实际大权从未旁落，“帝虽甚亲礼嵩，亦不尽信其言，间一取独断，或故示异同，欲以杀离其势”(《奸臣·严嵩传》)，你贪点财朕睁只眼闭只眼，朝政大权可绝不容你肆意染指。这种错综复杂的君臣关系下面难以掩盖的事实是：严嵩不过是皇帝手中的一枚棋子，你必须死心塌地为其服务，最后还得牺牲自己以保全主子的名声。

说严嵩善于谄媚并不为过，身陷权力斗争暗场，为自保或为争权，不免使出各种招数；说他如何奸诈如何无恶不作，也许有点肆意渲染，毕竟他做了皇帝的替罪羔羊。

二

严嵩的起落浮沉与两个重要人物息息相关：同乡、前任夏言和对手、亲家徐阶。

嘉靖十五年，在陪都南京当了五年闲职尚书的严嵩迎来其政治生涯的重要转折点——调回京师，升任礼部尚书。此次大力推荐和提携他的，正是江西老乡、时任内阁大臣夏言。当初严嵩为了在京师谋个理想的职位，左思右想，最后厚着脸皮提着礼盒去求见当时的政治红人夏言。年纪长了十几岁，资历又比人家深的严嵩，为了混个好前程，不得不低声下气地求见同乡晚辈夏言。可以想见，春风得意的夏言彼时并没有把这个酸溜溜的严分宜放在眼里。或许是看在同乡的分上，或许是严嵩的言辞恳切拨动了夏言内心深处那根柔弱的琴弦，在后者的举荐下，严嵩如愿以偿执掌礼部。礼部尚书职权范围很广，礼乐仪制、科举学校、学术文化、伦理风俗等都归其管理，尤其重要的是，严嵩从此获得"环跪榻前，面授意指"的机会，与皇帝近距离接触。要知道，成为皇帝身边的人是多少官员费尽心血、梦寐以求的啊。没有夏言的鼎力推荐，严嵩只能无限落寞地目送那些趾高气扬的朝廷大员们走进金銮殿，哀叹自身命运的不济了。所以，对夏言关键时刻的帮助，严嵩是心存感激的。到礼部上班的第一天，严嵩即向夏言呈诗四首，以示感恩。

最初两三年间，应该说夏、严二人关系还不错。但二人性格迥异，最终导致分道扬镳。夏言入阁拜相后，日渐傲慢，有时即使面对皇帝也怠慢不恭，让皇帝下不了台；严嵩却小心谨慎，谦卑勤奋。两相对照，皇帝的情感天平自然渐渐倾向严嵩。

说起来，夏言的三起三落与其骄傲自大的臭脾气不无干系。

嘉靖十七年，议论皇帝父亲"称宗祔庙"一事时，夏言"相顾以目，寂不发言"，态度消极，颇有抵触之意；严嵩维护既有伦理秩序，主张加宗不祔庙，并且陈述了一大串理由，见皇帝不悦，惶恐之下立马改口，声称皇考与孝宗当同一庙。皇帝目的达到，顺从他的严嵩也"超加官秩"，对夏言的消极抵抗则心怀不满，罢免夏言的种子已经悄然播下。十八年春，皇帝南巡承天。拜谒显陵后，严嵩主张再行一次表贺典礼，夏言却极力反对。皇帝又不高兴了。四月回京，到天寿山视察，皇帝命夏言草拟《居守敕》，懒散的夏言一拖再拖，直到回銮那天才拿出一个草稿。皇帝再也无法忍受夏言的简慢，大发雷霆："尔所职何事？至今日方呈草耶？"本职工作不认真对待，办事效率如此低下，显然属于不作为，皇帝自然要罢他的官了。夏言失宠，严嵩得宠，他与严嵩之间的关系开始出现裂痕，到后来愈演愈烈，终于势同水火。嘉靖二十年八月，昭圣皇太后卒，皇帝命夏言议奏皇太子服制，夏言在答疏中居然连字号都写错了，皇帝终于按捺不住心中怒火，严词斥责夏言的失误。惶恐不安又深感委屈的夏言在引咎谢罪后又提出请假还乡治病，这下彻底惹毛了皇帝，一道圣旨降下来，夏言第二次罢官。折腾几次之后，夏言更无心思工作，就连原先擅长的青词也不愿刻意求工，而渐渐敷衍了事。非但如此，在西苑斋宫，值班大臣出入一般都是以马代步，骄横的夏言为了显示自己的位高权重，擅自僭越礼制，乘坐肩舆（用肩抬的轿）出入，这一切皇帝看在眼里，记在心里。赐给夏言沉香木道冠，夏言拒不接受，过后还密奏皇帝：此非人臣法服，不敢当。皇帝一怒之下命他退出西苑值班室，夏言竟强硬地说："须有旨，乃可行。"真够迂腐啊，皇帝下旨还不是分分钟的事？果然，在单独召见严嵩时，皇帝鼓动他检举揭发夏言的罪行。严嵩自然明白这是皇帝常玩的权力制衡游戏，但想起昔日所受耻辱（夏言从未把这个年长的老乡兼同事放在眼里，而是当门客一样呼来唤去。严嵩曾多次宴请他，甚至亲自登门邀请，跪读请柬，给足了面子，然而夏言连门都不让人家进。有时故意戏弄严嵩，明明答应赴宴，临时却变卦，一桌子的山珍海味白准备了。有时实在推辞不了，就喝两勺汤扬长而去，话也不跟人家说一句。人格尊严遭此践踏，平常人都不能忍受，何况堂堂礼部尚书？），不排除严嵩借机攻击夏言的可能。嘉靖二十一年七月，夏言再次革职，并被逐出京师。

夏言最后因议复河套之事被杀，许多人认为是严嵩陷害的结果。从当时二人为争首辅之位的惨烈拉锯战来看，夏言之死严嵩固然难脱干系。但是，夏言之死的主要凶手还是嘉靖皇帝。想想，夏言一而再再而三地当面背后抵制皇帝，一人专制的政治体制内，皇帝的天子之威如何体现？性情刚直、骄傲自大的夏言已经成为帝国政治肌体中的一根大刺，皇帝势必连根拔除，方能维护其万人之上的权威。

可叹夏、严二人本为同乡,且夏言又是严嵩的恩人,但二人性格气度反差极大,为了争宠,为了权力,哪还顾得上友情恩情?历史上此类事情并不少见。

阁臣之间的权力斗争总是你方唱罢我登场。夏言倒了,严嵩取而代之。严嵩登上首辅之位,代皇帝总理朝政,并非高枕无忧,竞争对手徐阶又上来了。

相比性格直爽的夏言,徐阶的城府就深多了。他深得斗争哲学真谛,知道什么叫以退为进、能屈能伸。有两件事很能证明徐阶的聪明和狡猾:其一,为了讨好当时炙手可热的政治红人严嵩,他以躲避倭患为名,在江西南昌建造宅第,把户籍迁至江西,摇身一变成了严相国的老乡。其二,为了消除严嵩的猜忌,把孙女许配给严嵩的孙子为妻,与之结为亲家。既是同乡又是亲家,严嵩自然对他放松了警惕,却不知这些举措只是徐阶施放的绚丽的烟幕弹。

严嵩久居官场,树大根深,想要撼动谈何容易。徐阶起初对他毕恭毕敬,不敢怀有二心。转机出现在嘉靖二十九年。这年八月,俺答兵临京师,烧杀抢掠,无恶不作。耽于享乐的皇帝哪里见过这等阵势,惊慌失措之余问计于内阁首辅严嵩、大学士李本、礼部尚书徐阶三人。在讨论如何回复俺答的求贡书时,严嵩想推卸责任,便耍滑头,说这是礼部的事。一向倚重他的皇帝很不高兴,说大事临头你还在这儿推诿,想做缩头乌龟。徐阶见皇帝六神无主,便抓住机会向他献计:“今只可以计款之。虏来求贡书,皆汉文,朝廷疑而不信,且无临城胁贡之理。若有诚意,退出大边外,另派使赍番文,通过大同守臣转呈,乃可从。如此往返之间,四方援兵皆至,我战守有备矣。”这条缓兵之计得到皇帝首肯,皇帝自此对他另眼相看。

对严嵩,徐阶有十二分的耐心,他一直躲在暗处等待,严嵩哪怕一点小小的失误,也足以变成自己发起进攻的把柄。前文所述永寿宫失火,讨论皇帝居所问题时,老迈的严嵩就犯了一个大错——竟然建议皇帝暂住曾经软禁过英宗的南宫。徐阶借助这个千载难逢的机会,首先对皇帝现在居住条

严嵩故里介溪村

件表示十分挂念,“臣子何忍安枕?”继而提出修复永寿宫的具体方案,以三大殿工程“余料”为材料,由工部尚书雷礼主持施工,百日之内便可完成。这个方案里面至少传达了两个重要信息:首先,提出“以三大殿工程‘余料’为材料”,充分显示了徐阶的精明。三大殿工程原本浩大,现在用其余料修复永寿宫,既没有妨碍重大工程的进展,又做到了节约成本,物尽其用,两全其美。至于是否真的以“余料”为材料,皇帝也未必深究,他要的只是修好了的房子。其次,提议由工部尚书雷礼主持施工,表明雷礼已经站在徐阶那边了,严嵩与徐阶的人脉资源正在此消彼长,支持徐阶的重臣越来越多了。果然,工程竣工后,徐阶加官少师,并且得到皇帝的嘉奖“辅弼重臣,忠劳茂著”,严嵩仅加禄米百石而已。孰轻孰重,一目了然。当然,和夏言倒台一样,严嵩最后落败很大一部分原因还在自己身上。第一,严嵩八十多岁了,精力和智慧已不如从前,却还盘踞在首辅的位子上不肯下来。谁能容忍一个八十多岁的老头整日占据权力高端呢。皇帝是职务终身制,宰相就不一样了,你像一块又臭又硬的石头一样总横在那儿,底下人还要不要晋升?事实上严嵩曾经申请过退休,皇帝可能没答应,他需要的是能全心全意为他服务的人,至于年龄等因素根本不在考虑之列。小心谨慎的严嵩唯恐皇帝不高兴,也就没再坚持己意而作罢。懂得急流勇退的人往往能够善终,这类例子也很多。试想严嵩如果在体察皇帝倾向徐阶之初果断坚持退休,回乡养老,晚景断不会那么凄凉。第二,独子严世蕃倚仗老子的权势骄横跋扈、贪污索贿、奢靡无度,成了对手攻击严嵩的靶子。严嵩晚期执政几乎全仗严世蕃,但嘉靖四十年夫人去世,世蕃丁忧守孝,不能再像以前那样随便出入西苑代父议事,而且守孝期间纵欲享乐,对父亲交办的事务自然用心不足。正所谓“子不教,父之过”。严嵩在协助皇帝料理政务的同时，没有管教好身边这个虽聪明机灵但心术不正的儿子，皇帝说他“一念纵爱悖逆丑子,全不管教”并非全无道理。堡垒总是最先从内部攻破的。

三

可以想见,严嵩离开京城,致仕南归时的仓皇。弓着背的严嵩,在孙子严鸿的搀扶下,回首朝霞中的繁华京城,不禁怆然涕下。当他作别前来送行的寥寥友人时,对手徐阶或许正坐在密室的太师椅上得意地狂笑。

往事哪那堪回首！严嵩内心掀起巨澜。他无限感慨地写道:弱冠幸随计,束书来上京。齿稚气方锐,治视江湖轻。俯仰五十年,辛苦事浮名。世路多险艰,风波使人警。兹游意已阑,无复少壮情。见鸟羡高逝,望云思遐征。云山经在梦,日数故园程。梦一样的人生帷幕徐徐合上,只剩下无尽的苍凉之音在耳畔回响。

一切都过去了,一切都结束了。严嵩这辈子,终究未能逃脱权力和利益的重重束缚。都说“叶落归根”,这片从江南出发,在世事汪洋中辗转飘零的叶子,如今不是人人羡慕的“衣锦还乡”,而是狼狈不堪地回到生养他的故土分宜介溪……

由于家产俱被抄没,羞愧的严嵩又不愿意连累乡亲,只得和孙子栖身于村外一座破庙。睡梦中几次见到世蕃(被处斩的独子),惊醒之后,每每涌起白发人送黑发人的悲凉,不知彼时的严嵩是否在反省:正是自己忙于公务,无暇顾及或者根本是放纵了儿子的胡作非为,才招致家门如此不幸呢?财富、声望、地位,一个男人奋斗一生应该得到的,都得到了。但是,这些东西像肥皂泡一样,顷刻间化为乌有,也像原野上刮过的一阵风,没留下半点痕迹。不知严嵩想明白了没有,在漫长而短暂的人生中,在事业成功、地位显赫与严于治家、做好父亲之间到底孰轻孰重?也许人们的目光都紧紧盯住外在荣誉，认为那是成功人士的标志，但我要说，一个失败父亲纵有再多名声，又有何用？

严嵩三十三岁始得儿子世蕃，就是以现在的标准衡量都是晚育了，自然十分高兴。其得子之欣喜有诗为证：三十年过方有子，却论情事集悲欣。总叨先德宜昌后，每为身愁欲废官。琴书他日期堪付，堂构兹丘幸苟完。庭中翠竹红葵色，乘醉邀宾秉烛看。（《有喜致醉》）

十九岁中举，二十六岁以二甲第二名的成绩得赐进士出身，并入翰林院，二十七岁授编修，官七品，从此步入仕途，严嵩凭借自己的努力实现了父亲的遗愿。功名有了，又喜得贵子，所以高朋满座，举杯畅饮，还饶有兴致地邀请宾朋"秉烛夜游"。从院墙上吹过的南风，都带着一股喜庆味吧。

然而，正是这个严世藩，为日后整个家族的破败埋下了祸根。

致仕南归的严嵩并未忘记那个为之付出一切的皇上。嘉靖皇帝生日时，严嵩依然派人跋山涉水，送贺表至遥远的京城。我们无法揣测当时皇帝的矛盾心理，一个勤勤恳恳，随侍左右二十年的老人，虽然被免除官职、返乡为民，却一直惦念着京城里下发圣旨查办自己的主子。

嘉靖皇帝挥笔写道：忽记江南一老牛，为何一去两三秋。主人何事亏负你，鞭打绳转不转头？他一定想起了严嵩的勤勉以及为其打理朝政的点点滴滴吧。那时候，严嵩在皇帝居住地天逸殿旁的木板房内值班办公，吃简单的工作餐，晚上都不能回家。嘉靖十七年，胞弟严岳从分宜老家赶到京城，本欲与兄长共享团圆之乐，无奈"楼台宫烟日暮斜，手封议疏未收衔"。直到长安街西万家灯火，人们都沉浸在节日的快乐气氛中了，严嵩还在埋头处理政务。真是一头孜孜不倦、不折不扣的老黄牛。

嘉靖皇帝像

展读皇帝的诗句，严嵩百感交集，往事历历在目，而今却物是人非。于是，他颤抖着手，悲愤地回了一首：老牛经历几多年，力倦神衰只为眠。背上犁耙拖不动，主人何事又加鞭？严嵩我为你朱家天下已经倾尽了所有心血，现在只想安静地休息，颐养天年，岂料如此简单的要求都不能满足，反倒落得这般凄惶下场！

我想，严嵩如果再拿出当年皇帝命令他致仕的谕旨看看，应该多少明白一些其中缘由吧。

"嵩小心忠慎，祇顺天时，力赞玄修，寿君爱国……却一念纵恶，悖逆丑子，全不管教，言是听，计是从……"原本朕对你严家已经够意思了，严世藩官至工部侍郎，后因母亲去世又特许其"带俸侍亲"——可以享受永远的带薪休假。可是你没有管教好自己的儿子，还一味地迁就、放纵他，人家抓到把柄，告到朕这儿来(事实上，那些御史们何止弹劾你严嵩一两次)，朕如不加以处置，怎么向大臣们交代呢。虽然其中不排除政敌徐阶们的捏造与诽谤，但并非全部是空穴来风啊。

严世藩虽然生得矮小肥胖且独眼，但脑子灵光。对于皇帝在奏章上写的那些云山雾罩，似是而非的批语，他都能揣摩个八九不离十。思维迟钝的严嵩很多时候不得不倚靠这个独眼儿子，假他之手处理大量公务，以致大小官员们都暗中称严世蕃为"小丞相"。父子之间维系如此颠倒甚至畸形的关系，贪恋权力、甘为朱氏王朝卖命的严嵩不要说训斥儿子，就是轻言细语地批评两句恐怕也不敢吧？明史载："及嵩妻欧阳氏死，世蕃当护丧归，嵩请留侍京邸。帝许之，然自是不得入直所代嵩票拟，而日纵淫乐于家。嵩受诏多不能答，遣使持问世蕃。值其方耽女乐，不以时答。中使相继促嵩，嵩不得已自为之，往往失旨。所进青词，又多假手他人不能工，以此积失帝欢。"这个不争气的儿子沉湎女色，严嵩失去重要助手，苛责臣下的皇帝厌烦之至，坠入深渊也就意料之中了。

检举揭发严嵩父子种种罪状的奏章中，御史邹应龙、林润呈上的两篇成了彻底摧毁严家的重磅炸弹。

嘉靖四十一年五月，在探知皇帝宠爱的对象已经转移成徐阶之后，御史邹应龙认为击垮严嵩的时机已到，便立即修成《贪横荫臣欺君蠹国疏》，以“贪污误国”为名弹劾严嵩父子。文中写道：“世蕃凭借权势，专利无厌，私擅爵赏，广致遗馈，每一开选，则视官之高下，而低昂其值；及遇升迁，则视缺之美恶，而上下其价；以致选法大坏，市道公行，群丑竞趋，索价转巨。……今天下水旱频仍，南北多警，民穷财尽，莫可措手者，正由世蕃父子，贪婪无度，掊克日棘，政以贿成，官以赂受，凡四方小吏，莫不竭民脂膏，偿己买官之费，如此则民安得不贫？国安得不竭？天人灾警，安得不迭至？”百姓贫穷、国力衰竭、灾祸不断全部归罪于严嵩父子，显然有夸大其词之嫌，倒也符合当时谏官们的行事风格。皇帝的处罚是，严嵩致仕，世蕃流放雷州卫。

严嵩本来以为儿子此番流放雷州，吃点苦头，反省一下自己的所作所为，头脑应该清醒一些；再卖了老面子到皇上跟前求个人情，应该没有什么大事。可是这个锦衣玉食的花花公子哪里受得了流放边地的苦楚呢，没过多久便潜回袁州。

一日召集工匠修建园亭时，狂妄不羁的严府家丁竟用瓦砾驱赶路过的袁州府推官郭谏臣。他们万万没有料到，一块飞扬跋扈的瓦砾酝酿了老丞相一家的灭顶之灾。郭谏臣好歹也是地方政府的司法官员，不过问了一句话就遭遇退休丞相家奴的戏弄，备感屈辱的他自然不会善罢甘休。回到官署后，他越想越气愤，便收集严嵩父子诸多非法行为向敢于直言的巡江御史林润报告。林润先后上疏弹劾严嵩父子道：“……世蕃自罪谪后，愈肆凶顽，日夜与龙文（严世蕃的死党罗龙文）诽谤朝政，动摇人心，近者假治第为名，聚众至四千人，道路汹汹，咸谓变且不测，乞早正刑章，以绝祸本！”“……严嵩不顾子未赴伍，朦胧请移近卫，既奉明旨，居然藏匿，以国法为不足遵，以公议为不足恤，世蕃稔恶，有司受词数千，尽送父嵩。嵩阅其词而处分之，尚可诿于不知乎？既知之，又纵之，又曲庇之，此臣谓嵩不能无罪也……”灭顶之灾正悄悄降临。

嘉靖四十四年三月二十四日，皇帝下诏：以叛逆罪判处严世藩死刑，抄没其家。

其实，世蕃所作所为就在严嵩眼皮底下，做父亲的不可能一概不知。

比如：严世蕃光妻妾就有二十七个，其他的侍女、丫鬟更是无数。那些美妻娇妾聚居一堂，她们所穿服饰，上绣龙凤花纹，点缀着珍珠宝石，极尽奢华之能事。

又如：世宗的第三子裕王朱载垕，按例应被立为太子，但世宗对他不太欣赏。严世蕃见风使舵，对他也很冷淡，就连照例每年该给裕王府的岁赐，户部因为没有严氏父子的命令，一连三年都没发放。最后，这位处境尴尬的未来皇帝无奈之下东拼西凑了一千五百两银子送给严世蕃，后者才让户部补发了岁赐。严世蕃因此常常向人夸耀："天子的儿子尚且要送给我银子，谁敢不给我送银子？"

严世藩早上起床时，数十个姬妾全部赤身裸体，环跪床前，伸着脖子，张着小口，当他的痰盂。严世藩设置家宴时，全是美貌的姬妾在席上陪酒。酒过三巡，他拍手命令拿上白玉杯——从屏风后面依次走出数十个妩媚妖娆，暗香袭人的姬妾，她们口里都含有一口温酒。姬妾们列队而行来到席上，将口里的酒缓缓喂进宾客的口中。有的人把持不住，一手勾住美姬的香颈，嘴巴对着美姬的香唇，慢慢把酒吸进自己喉中。最后，美姬将自己的纤舌伸入宾客的口中轻轻搅动，宾客们顿时淫心摇荡、不知所以。

严世蕃为了计算自己到底玩弄多少女人，特意命人制作了一种"淫筹"，即一块块边上绣着花朵的二尺见方的白绫方巾。他委派一名姬妾掌管"淫筹"，每奸污一名妇女，便留下一个"淫筹"作为纪念。

饱读诗书，身居高位，接受过儒家正统教育的严嵩，没有管住身边的亲人，反而纵容、包庇其种种不法行径，能不走向覆亡吗？

四

四百多年转瞬即逝,昔日显赫一时的严丞相早已化为枯骨。

嘉靖一朝,弹劾和攻击严嵩父子的奏折大都以“贪”字为中心。后人一本《天水冰山录》更是将严氏所抄家产清单罗列其上,据此书载,共抄没黄金三万二千余两,白银两百零两万余两,珠宝玉器、字画古玩若干……所藏财富之巨令人诧异。但是,有一个令人深思、颇有意味的细节不容忽略:朝廷命时任巡按江西御史成守节负责籍没严氏家产,他上报的数额如前所述,可是十个多月过去了,实际抄收上来的家产还不及所报十分之三,仅有十万两白银入库。皇帝大为不满,责问道:“三月决囚后,今已十月余矣,财物尚未至,尚不见。一所巨屋只估五百两,是财物既不在犯家,国亦无收,民亦无还,果何在耶?”非但如此,直至隆庆十七年(1584),也就是说,抄了近二十年家,也仅仅抄出严嵩两万七千余亩田产,金银仍然远未达到既定的两百万两数目。剩下的巨额财产到哪里去了?分析一下,只有两种可能:一是被负责此项事务的官员隐瞒独吞了。数额巨大,恐怕没有谁有这个胆量。另外一种可能便是,整倒严嵩的徐阶们落井下石,肆意夸大严氏家产数额。透过一则史料,我们可以找到些许事情的真相。万历十二年,张居正被抄家。左都御史赵锦上《请矜宥张居正疏》,规劝神宗对待张居正不要像当年惩办严嵩那样抄家过当,株连无辜。文中说:“……方圣主肃皇帝时……命收捕世蕃,而言者犹仇恨不已,至谓世蕃有谋叛状,于是正世蕃之罪而籍其家。时承堪者与抚按诸臣,惧无以上应明诏,重干不测,则虚上所当籍事,而其实不符,则又为株连影捕,旁搜远取以足之。圣主以为所籍世蕃之物,而不知其强半出于无辜之民。闾阎之间,至今疮痍未起,哀怨未平。今日久事明,世蕃实未尝有叛状,而徒流毒江西一省之民……”严嵩的家产竟是“旁搜远取以足之”!

黄土之下的严嵩万万没想到对手除了彻底搞垮了他,还殃及一省无辜百姓,致使"闾阎之间,至今疮痍未起,哀怨未平"吧? 更可怕的是,从二十八岁步入官场,至八十二岁致仕南归,一辈子为朝廷服务, 最终却被贴上"奸臣"标签打入历史另册。

严嵩故居一角

他本可成为一个优秀的诗人。从他钤山隐居期间的诗作中随便抽出一两首, 都能领略其浓郁的诗人气质。"春游入古寺,息驾在山阿。不饮杯中物,其如山色何。泉声间钟磬,草色上烟萝。向夕岚霏起,诸峰猿啸多。"(《仰山置酒》)"沙路平如掌,郊行吟望赊。山围四野碧,河抱一村斜。松径入僧寺,草屋见渔家。春风几日到,村园桃李花。"(《郊行》)。明"前七子"领袖李梦阳称"如今词章之学,翰林诸公,严惟中为最"(何良俊《四友斋丛说摘抄》),学者顾东桥评价:"……其诗寄兴情远,结体温厚,意深妙解。"(《息园存稿》)。但是,他选择了从政。人无完人,平心而论,严嵩在官场摸爬滚打几十载,特别是官居内阁首辅二十年,一边要小心服侍恩威难测、喜怒无常的嘉靖皇帝,一边又要周旋于政敌与同僚之间,可谓殚精竭虑,如履薄冰。此外,身居高位,自然少不了一班趋炎附势之人趁机巴结讨好,收受一些财物当属事实,世蕃借助父亲头衔干一些不法之事也难免。怪只怪做父亲的不该放任纵容。想要置严嵩于死地的人正是从世蕃身上打开缺口,最终大厦倾塌,白发人送黑发人。

是是非非纠结一生。人的内心极其复杂矛盾,其人格发展也往往经历不同阶段,折射不同面貌。无论如何,评价一个人采用一边倒的手法是不可取的。正如历史学家茅海建所说:"忠奸理论和'奸臣模式',并非鸦片战争史独有的现象,而是中国传统史学的常用方法。正是它具有掩护君主、掩护道统的特殊功能,因而屡屡被官僚仕子们用来解释那些他们不能解释或不

荒野上的微光——宋应星

一

十五年前的一次乡试，注定成为宋应星兄弟俩一生中的耀眼光斑。他们从一万多名考生中脱颖而出，同榜中举且名列前茅。那年恰逢老母六十寿辰，可谓双喜临门。步入家门的瞬间，兄弟俩相视一笑，默契中仿佛瞥见曾祖宋景称许的眼神。那时的宋应星信心百倍，认为青灯黄卷、寒窗苦读之后，重续祖上辉煌的时刻就要来临。

嘉靖年间官至京师都察院左都御史的曾祖宋景，其发奋读书，功成名就的事迹早已深深地植入宋应星的脑海。只可惜，祖父虽"文学优长，且志竞进取"，却"志未酬而身先卒"——二十六岁那年继曾祖之后离开了人世；父亲不满两岁便成孤儿，只做了四十年的县学生员。如今兄弟同榜中举，赢得"奉新二宋"的光荣称号，消息不胫而走，邻里乡亲闻讯后纷纷前来道贺，期待他们光宗耀祖，重振门庭。然而，没料到接下来的六次会试却成了宋应星无法释怀的一串噩梦。

万历四十四年第一次会试，宋氏兄弟初尝败绩，不学无术的顺天府考生沈同和却靠贿赂考官成为贡士之首。三年后再度会试，榜上依旧看不见他们的姓名，同赴考场的朋友姜曰广、涂绍煃则跻身进士行列；前者授翰林院庶吉士，后者授都察院观政，都成了“京官”。天启年间，宦官魏忠贤营私舞弊，操纵科考，没有任何人脉资源的穷举子宋应星自然沦为少数人的陪考。崇祯元年新皇帝登基，开始着手清理魏党逆案。屡试不中，

宋应星故里——奉新县宋埠镇牌楼村

原本对科考已无奢望的宋应星以为新政伊始，或许机运来临，便又背上行囊，跟随大哥长途跋涉，第五次进入狭小逼仄的考场。可是，等待他们的依然是“榜上无名”的尴尬与绝望。回到故乡后，八十四岁的老父病逝，紧接着，二哥宋应鼎撒手人寰。一年之内，连失两位亲人，戴家山祖茔地里又添了两座新坟。那段日子，村前雅溪的流水也仿佛失却了往日的欢畅，呜呜咽咽，向低沉灰暗的天空诉说绵延不绝的哀伤。暮色苍茫中，从《四书》《五经》的章句里暂时脱身的宋应星信步踱至巍峨的“三代尚书第”牌坊前，透过那笔力遒劲的五个大字，仿佛看见昔日宋府门前的车水马龙，归家省亲的曾祖坐在中堂的太师椅上颔首微笑，接待慕名来访的地方各级官员。世人眼里，这位二品大员不但是北乡的骄傲，更是奉新的荣光。从父辈们滔滔不绝的讲述中，宋应星能领略当时宾朋络绎不绝、堂中笑语喧哗的热闹情形以及由此给家族带来的巨大声誉。然而世事诡异，就在大哥应昇出生前，一场突如其来的大火将祖上遗留下来的房屋与财产化为灰烬。这场大火将本不太殷实的宋家推至困窘边缘，以至于应昇尚在襁褓中时，父亲夜间口渴，都靠母亲左手抱着婴儿，右手摸黑探到灶前取瓢舀水。如今为了科考，全家人节衣缩食，几陷贫困。何时才能获取功名，告慰九泉之下的先人，再施展自己匡时救世的政治抱负呢？

时光如梭。崇祯四年，宋应星拨亮残存心底的一丝微弱自信之火，决定

在科考场上作最后一搏。异常残酷的是，命运之神依然没有垂青这对兄弟——飞翔的翅膀折断在京城考场，他们绝望地返回千里之外的江南小城奉新。

想起当年初入县学时，博览群书之余与同学师友指点江山，激扬文字；想起昔日与涂绍煃同入庐山白鹿洞书院，聆听名师舒曰敬授课，相互评点诗文；想起新建友人陈弘绪家中的万卷藏书，还有众人挑灯夜读的兴味盎然；想起吉水友人刘同升的三十年再会之约……一切仿佛就发生在昨天。

十五年间六次北上京城参加会试，可以想见宋应星通过科举博取功名的欲望如何强烈，也可以想见"榜上无名"给他的打击是何等沉重！历朝读书人，赢取人们尊重，获得社会承认的唯一方式便是金榜题名。因为考试成功为下一步授予官职奠定了坚实基础，授予官职即意味着身份地位的华丽嬗变，可以享受一份固定的国家俸禄，享受俸禄代表光宗耀祖，喻示从此迈入一个特殊的阶层——不再是荷锄躬耕、引车卖浆者之流，而是入则前呼后拥出则鸣锣开道的"大人"。

宋应星屡败屡战、坚持不懈地参加科考，当然有出人头地的初衷，也有挣一份皇粮养活一家老小的私心，但随着一次次失败之后的深度思考，随着人生观价值观的蜕变，更重要的原因也许是想因此获取一个施展才华的空间。因为凤凰总是期待涅槃。只可惜他生在一个多事之秋的时代：万历后期，辽东形势危急，建州女真首领努尔哈赤率领的军队羽翼逐渐丰满，不时骚扰东北地区，皇帝病入膏肓之际只能眼巴巴地看着他们一天天强大。天启年间，荒唐昏庸的熹宗沉溺于木工活，大权旁落在宦官魏忠贤手里，后者借机培植党羽，遍置爪牙打击异己，官场一片血腥。崇祯一朝，张献忠、李自成的农民起义军破县夺州，努尔哈赤后裔统帅的满洲铁骑突入关内，所向披靡，大明内忧外患，苟延残喘。这样险恶的形势之下，即便考中进士实授一个官职，对于陷入水火当中的朝局与惶惶不安中度日的百姓来说能起多大作用？皇帝昏庸，体制溃烂，官员相互倾轧，帝国日暮途穷之际，胸有抱负的士人想要争取用武之地只能是一厢情愿。

第六次会试失败后，宋应星敏锐地意识到实现救国济民的美好理想并非一定要靠科举功名，改良社会增强国力还要靠发展生产力，靠实实在在的科技知识，于是他转向实学研究。事实上，在此之前他已经为此做了许多准备。县学生员时，宋应星就喜欢四处游历，广泛阅读诸子百家各学派著作及农医历算等科技著作，唯物主义思想的种子在他年轻的心田里已经悄然播下。六次会试，往返于家乡与京城之间，辗转数万里，沿途深入田间村头调查、访问，也是积累农业手工业技术资料的绝佳机会。崇祯四年，大哥应昇任浙江嘉兴府桐乡县令。桐乡处于湖州、嘉兴和杭州之间，是当时养蚕和丝织业中心，宋应星看望兄长时大概顺路对这些地方的养蚕与丝织技术作了一番饶有趣味的细致考察，《天工开物·乃服》中对湖州、嘉兴一带的养蚕技术就作了生动而翔实的叙述，没有做现场调查无法描述得那么细腻、精准。随后，应昇转任广东肇庆恩平县令期间，也曾数次邀请远在分宜的弟弟前往团聚，这为宋应星现场考察当地工农业技术提供了难得的机遇。《天工开物》中关于广东种蔗制糖、水道与造船技术的描述，也多半是他根据实地见闻而写。

崇祯七年，宋应星经吏部铨选，到本省袁州府任分宜县学教谕，掌管生员的学习与考核，为未入流的年薪三十六石米的文职教官。虽然俸禄很低，毕竟有了一份固定收入，生活暂时安定下来。前半生时光付诸科举考试，没有得到相应的回报，宋应星没有陷入消沉，决定调整人生航向：教书育人的同时开始发奋著书。《野议》《思怜诗》《画音归正》《原耗》……还有蜚声中外的科技巨著《天工开物》，这些重要著作几乎都是这段时期内完成并刊刻出

宋应星雕像

版的。

如果说先前屡次进京赶考表明宋应星尚存一丝“学而优则仕”的美好期待，如今县学教谕宿舍里的他已经实行了一次最具革命意义的转身——摒弃虚无缥缈的子诗曰云，目光向下，身体力行，从劳苦百姓的生产实践中追问粮食与丝绸的来源。多少年来，还没有一个知识分子像他那样决绝地投入劳苦大众生产一线。陶渊明的“种豆南山下”也只是局限于个体的自食其力，而没有怀抱天下苍生的宏阔气度。

满目疮痍的晚明荒野上，宋应星将众多沉溺于四书五经中寻章摘句的酸腐士子甩在身后，举着“实学救国”的烛火踽踽独行。

二

宋教谕埋头整理素材，继而奋笔疾书的同时，张献忠、李自成率领的农民起义军分别在四川、陕西与疏于备战、懈怠轻敌的明朝政府军针锋相对。清太宗皇太极亲征朝鲜，明朝的援兵也挡不住他们的铁蹄与弯刀，朝鲜被迫投降；唇亡齿寒，身居关内的百姓已经感觉到了一抹女真人的刀光剑影，朱元璋一手缔造的大明王朝就此陷入水深火热之中。令人痛心的是，这种形势下，昏庸贪婪的地方官吏仍然逼粮催科、盘剥百姓。政权面临随时垮塌的凶险。深居皇宫的崇祯帝眼睁睁看着自己的江山被一步步蚕食，无奈之下颁布了第二道“罪己诏”：“……今出仕专为身谋，居官有同贸易。催钱粮先比火耗，完正额又欲羡余。甚至已经蠲免，亦悖旨私征；才议缮修，(辄)乘机自润……”最高统治者显然清楚什么叫“官逼民反”，只可惜积重难返，回天乏术。李自成军队攻陷京城的一刻，他只得仓皇之余留下一纸遗书，在无尽的羞愧和遗恨中吊死于煤山一棵树下。

那个动荡不安的年代，盘踞正统地位的宋明理学思想越来越陷入空谈心性玄理的酸腐淤泥之中，沦为空虚无用之学。亡国的危机感促使一批胸怀救世之心，关心国计民生的知识分子丢弃那些凌空虚蹈的“裹脚布”，转而倡导实用之学。经世实学思潮像原野上的一股春风,吹绿了宋应星的心田。然而,国家危难,生灵涂炭的危急关头,尚有许多五谷不分、自诩为社会精英的高层人士还待在“存天理,灭人欲”思想牢狱里歌舞升平,醉生梦死。与此同时,不少读书人还想通过科举考试,走上与那个时代一同灭亡的不归之路。

教学间隙,宋应星拿起笔,就着微弱的油灯,开始书写“与功名进取毫不相关”的《天工开物》,期望这部农业手工业技术集成能够为苟延残喘的当局输送些许新鲜的血液。油灯下的墨香润泽了宋应星的心田,但出版一部书稿对于困窘的他来说何其容易。关键时刻,还是朋友伸出援助之手。崇祯十年,时任河南信阳兵备道涂绍煃慷慨解囊,《天工开物》得以刊行于世。

这是一本图文并茂,行文却很严谨的科技著作。按“贵五谷而贱金玉”的编排体例,全书分上中下三卷,上卷介绍谷物豆麻的栽培、加工方法,蚕丝棉苎的纺织和染色技术,以及制盐、制糖工艺;中卷记载了砖瓦、陶瓷的制作,车船建造,金属铸锻,煤炭、石灰的开采与烧制,榨油、造纸的方法等;下卷主要描述金属矿物的开采与冶炼,兵器制造,颜料、酒曲的生产,以及珠玉的采集加工。书中既有大量确切的数据,还配有一百多幅生动逼真的插图,显示宋应星不俗的美术功底。

《天工开物》的问世绝非偶然,首先得益于当时比较发达的商品经济。

嘉靖、隆庆、万历时期是明朝商品货币经济发展的黄金阶段。“这一时期大批农民从经营粮食生产中分离出来,或从事工、商业,或直接离开农村移居城镇。再者,就是更新观念,淡化农本意识,加大对工、商业的资本投入,从而促进了全国各地农、工、商业的迅速发展。而最有意义的是以下几点:①商业性农业获得空前发展。棉、桑、麻、甘蔗、果蔬等经济作物的种植面积迅速增加……②在农业发展的基础上,由于社会分工日益细密,农家手工业开始从农业中分离出来,逐步走向市场……③外国白银大量流入中国,广泛流通使用,为社会经济生活的货币化和‘计亩征银’的赋役改革开辟了道路。”(《中国古代思想史·明清卷》)《天工开物》对当时兴盛的手工业作了生动的叙述,如制糖业有专门的“糖车”,糖车的构造及各部件尺寸都进行细致的描述;纺织业有缫车、花机,并且政府在苏杭一带设立了织染局;金银铜铁等金属的开采、冶炼和加工相关章节中,还绘制了设备操作图。这些内容表明当时各项手工业的技术含量已经达到一个较高水准,远远超过同时期的欧洲。

科技的发展有时是一把双刃剑,商品经济的快速发展却助长了消费领域的奢靡之风。

崇祯十二年,重臣杨嗣昌上疏:“海内士大夫自神皇末年相习奢侈,凡宫室车马衣服器用之属,无不崇饰华丽,迈越等伦。即或清高自命,宦橐无多,亦称贷母钱,缔构园亭卉木,耽娱山水诗文,以是优游卒岁为快……”与奢靡相伴相生的是赌博之风全国盛行,几乎出现“全民皆赌”的奇异景观——“明代万历末,太平无事,士大夫无所用心,间有相从赌博者。至天启中叶,始行马吊之戏,而明末的朝士,若江南、山东,几乎无人不为,几有穷日尽明,继以蜡烛。”(王熹《中国明代习俗史》)吏治腐败,百姓税赋日益加重,“一岁阴为加派者不知其数。如朝觐考满行取推升,少则费五六千金,合海内计之,国家选一番守令,加派数百万。巡抚查盘访缉馈遗谢荐,多者至二三万金,合天下计之,选一番巡方,天下加派百余万。”(《明史》卷二五七《梁廷栋传》)军力锐减,国防虚弱,“十七年(1664)王章巡视京营,按籍额军十一万有奇。喜曰:‘兵至十万,犹可为也。’及阅视,半死者,余冒伍,惫甚,矢折刀缺,闻炮声掩耳,马未驰辄堕。而司农缺饷,半岁未发。”(《明史》卷二二六《王章传》)这样的政府军谈何保家卫国?崇祯皇帝纵有天大本事,也无法挽救奄奄一息的明帝国了。

另一个发人深省的事实是,《天工开物》刊行后第二年,宋应星的友人陈弘绪(时任京师真定府晋州知州)率领晋州军民击退清兵围攻,取胜的“宝贝”居然就是书中介绍的火器“万人敌”——“万人敌,凡外郡小邑乘城却敌,有炮力不具者,即有空悬火炮而痴重难使者,则有万人敌近制随宜可用,不必拘执一方也。盖硝、黄火力所射,千军万马立时糜烂。”(《天工开物·

佳兵》)。理论知识如此迅速地投入实践，并转化为战斗决胜的关键性因素,不知道远在分宜的宋教谕听到这个好消息后是否收获了一点点欣慰呢？放眼朝野,像陈弘绪一样积极抗敌、誓守家园的文官武将又有几个？试想一下,如果镇守边关的文臣武将人手一册《天工开物》,且都能按照书中所叙方法制造火器,满人的弯刀能那么快逼近明朝京城吗？王朝的土崩瓦解能那么快吗？

宋应星故居

这本凝聚宋应星心血的书,刊刻之时恰逢乱世。“流寇”张献忠、李自成等的骚扰与关外满人的虎视眈眈让那些承担剿匪和防御任务的官兵疲于奔命、人心惶惶,想来没有多少人会注意它,加之“两耳不闻窗外事,一心只读圣贤书”的秀才举子们为了博得功名,还在书房里摇头晃脑地吟诵四书五经,哪里会有兴趣瞄一眼这种专门叙述农业手工业技术的科技书呢？作者对此也有十分清醒的认识,所以在序言中写道:“丐大业文人,弃掷案头。此书与功名进取毫不相关也。”因此可以推想,这本书当时的传播范围不会很广。

清初,《天工开物》刊行了数次,官修著作《古今图书集成》《授时通考》中都曾引用该书内容。至乾隆年间,大兴文字狱(通常是皇帝的拿手好戏),文人噤声。当时为修《四库全书》而广征天下图书,出自明朝遗民之手的《天工开物》自然不在此列,并且之后再也没有人敢刊刻发行。具有讽刺意味的是,此书反而在康熙年间传入日本,并成为日本江户时代很受关注的读物,对日本哲学界和经济界产生深远影响。细究一下,近代日本科技之所以发展迅猛,谁能否认《天工开物》的启示作用？期间隐藏的东西实在令人深思。

在制度糜烂的困境下，单纯提倡技术固然挽救不了明朝覆灭的命运，但是,作者朴素的科学思想,注重实事求是的精神,对一个国家的发展影响不可谓不深远。偌大的中国地图上,奉新与分宜只不过是一个容易忽略的微点。然而,宋应星和他的《天工开物》却跨越数百年,漂洋过海,成为闻名中外的科技巨著。文化与思想的传播可以超越时空的樊篱,成为人类的共同财富,这样的殊荣又有几人能够享受?想来宋应星若地下有知,也会轻轻吹开杯子里漂浮的茶叶,继而微微一笑的。

三

纵观宋应星一生,青年时代曾经饱读诗书,期望博取功名以光耀门庭,然六次会试皆无果而终;四十五岁始得一不入流的教职,后虽有升迁,历任福建汀州府推官、南直隶凤阳府亳州知州,但任期都很短促,想有所作为也没有时间和机会,彼时的大明帝国已摇摇欲坠。五十八岁那年,宋应星成了亡国之民。山河破碎,百姓流离失所,像那些不甘做亡国奴的士人一样,宋应星也曾寄希望于辗转飘零的南明政权,无奈某些打着小算盘的大臣们只知内讧,始终形成不了抗击清军的有效合力,苟延残喘的南明最终还是摆脱不了覆灭的宿命。清康熙三年,鲁王殂于金门,明朝寿终正寝。两年后,亡国之民宋应星逝世于奉新乡间,死后埋葬在村庄一侧的戴家园祖坟地里。

相对宋应星的一生而言,分宜四年是他难得宁静的一段时间。

分宜文庙旁边的学宫里,六次会试无果的宋应星却要教导底下诸生高诵四书五经,一步一步走上那条千年不变的老路。面对这些摇头晃脑的年轻人,不知他的内心是否早已翻江倒海?学宫里面是另一个世界,一派单纯的子诗曰云,外面百姓苍生却在不断增加的赋税重压下苦不堪言。动荡不安的局势下,宋应星经历了怎样的精神炼狱,又是如何排解重重苦闷,静坐下来编写书稿的呢?可以做个推测,基于对当时形势的观察与分析,宋应星对国家的未来有一种不祥的预感,所以任职分宜教谕的四年内,除了忙忙碌碌地给学生授课,剩余时间他几乎都在奋笔疾书——他要抓紧时间,把心中萦绕已久的东西变成文字,刊刻出版。

崇祯八年正月,高迎祥、张献忠、李自成等率领的陕西农民军突然攻克明朝中都凤阳,焚毁皇陵,此等疯狂举动一时震惊朝野上下。时刻关注局势的宋应星获知消息后不免忧心忡忡,针砭朝政的话语也许不经意间就已流出,但这个偏僻的小城里,有几人像他那样担忧未来呢?聊以自慰的是,同为举人出身、崇祯五年到任的县令曹国祺与宋教谕甚为投机,随着交往的深入,二人成了无话不谈的好友。

宋应星清楚地记得:一次难得空闲,与曹县令同游钤山,饮酒踏青。目力所及,绿意盎然,四野岑寂,花香沁肺。在山顶的六角凉亭里,主客落座,屏退左右。小酌两杯米酒之后,正欲纵论天下时弊,却有吏卒送来邸报,上面有一则消息说某人未经考选,只是凭借向当局呈送一份奏折便当上了京官。宋应星觉得这简直是闻所未闻的怪事,便取了邸报附上的那份奏折细读了一遍,令人失望的是,其中并无什么救世良方、治国妙策,长篇累牍都是貌似洋洋洒洒实则空洞无边的官话套话。宋应星阅罢,苦笑着摇了摇头说,“圣上居然起用这种人,悲哀啊……”曹县令若有所思,沉默不语,知他心里有话,便说,“宋兄对目前形势有何高见不妨写下来,让曹某一睹为快。”晚上,宋应星回到宿舍,趁着酒兴,拨亮灯火,干了一个通宵,写下近万字的《野议》。曹县令读了,不禁击节赞赏,认为里面涉及政治、经济、军事、教育、法制等内容的十二条改良建议字字落到实处,闪烁着智慧的光芒,正是目前革除积弊之良策。曹县令的激赏在宋应星心里搅起一缕感动的涟漪,旋即复归平静。在他看来,国家乱象渐生,内忧外患,想要挽救危局谈何容易。自己一个穷教书的,人微言轻,纵然有千般本事,又有谁会理睬呢?

宋应星著《天工开物》

写作《天工开物》时，宋应星的经济负担并不乐观。明朝官员原本俸禄微薄，宋应星又是没有品阶的县学教谕，年薪只有三十六石米；家里的田产日趋减少，两个儿子均已长大成人，全家六七个人的日常开销全赖宋应星承担。所以在这本书的序言中，他不无悲怆地写道："……伤哉贫也，欲购齐考证，而乏洛下之资；欲招致同人，商略赝真，而缺沉思之馆。随其孤陋见闻，藏诸方寸而写之，岂有当哉？"买不起珍贵的书籍和资料用来考证，想邀请同道中人一起讨论，鉴别真伪，也没有合适的固定的场所。当时的图书出版没有官方专项经费资助，几乎都是自费，况且此类介绍科技知识的书都是埋首经史子集的秀才举子们嗤之以鼻的"雕虫小技"，根本没有潜在的受众和消费群体，也就意味着无利可图，书商们自然不会掏银子给他刊刻印行。也就是说，宋应星明明知道自己的心血之作别人未必买账，却一意孤行。他最后能在短时间内完成这部农业手工业技术集成式著作，完全是以超乎寻常的信念与毅力作为支撑。尽管当时情势已不容乐观，但他把目光投向未来，期望后人能理解他的良苦用心。正像他在《谈天序》中所言："所愿此简流传后世，敢求知己于目下哉。"宋应星逝世后一百多年内，《天工开物》在东亚、欧洲等地被译成多国文字广泛传播，西方近代科技的迅猛发展难道没有它的启蒙作为推力吗？一本在全球范围内享有盛誉的科技著作居然诞生在一个名不见经传的县学教谕手中，世间还有多少事情让人匪夷所思呢？一个人身上潜藏的精神能量永远无法测算。

宋应星大约于1666年逝世，在其八十年的生命历程中，分宜四年不过是极短的一段。恰恰就是这四年，让宋应星的人生散发绚丽夺目的光彩。之前，他为科考耗尽心智，无暇静下心来著书立说；之后，兵荒马乱、硝烟四起，遭遇丧国之痛，没有地方安置一张书桌。宋应星仿佛一个料事如神的智者，紧紧抓住这四年时间，完成了一次生命的飞跃与升华。

正如浩瀚高远的星空垂青于某颗一闪而过的流星，为其提供展露光华的舞台，特定时间节点、人生阶段所暗藏的机遇，也往往决定一个人人生价值的高低。

四

中国历史上从来不缺乏安居陋室却心系国家兴亡、民族盛衰的知识分子。他们可以遭受权势阶层的嘲弄和各种莫名其妙的打击,却始终牵挂着民族兴衰与国家命运。

宋应星因为早年科考失利，没有更大的舞台用来实现自己的政治抱负,可后期著书立说,却是另一种形式的爱国之举,而且影响更为深远。试想一下,晚清李鸿章们倡导的“洋务运动”,旨在发展近代工业,增强国力,除了列强入侵、形势所迫,《天工开物》等科技著作传达的“实业救国”精神难道没有一点影响？只是和宋应星时代一样,腐朽没落的君主专制制度成了社会发展最大的绊脚石，那些所谓官督商办实业实际沦为晚清政府的“取款机”,“从 1884 年至 1911 年的二十七年间,轮船招商局和电报局两个企业给政府的报效共三百五十万两,相当于两局股本总额的六成。”(转引自《历史的裂缝——近代中国与幽暗人性》雷颐著,广西师范大学出版社)最终惨淡经营、走向衰败。

和宋应星写作《天工开物》时的寂寥相比,李鸿章等一班人开展的洋务运动虽然也曾遭受顽固派的嘲讽、打击和阻挠,最后总归跌跌撞撞地有了一些“收获”。英法联军的洋枪洋炮惊醒了曾国藩、李鸿章等晚清重臣,却打不醒那些满脑子“纲常礼仪”的“饱学之士”。李鸿章早在 1874 年就向当时的恭亲王奕䜣力陈修建铁路的重要性，但奕䜣深知斗不过朝中顽固派,不敢有所动作,直到十五年后,慈禧在其亲信醇亲王奕譞的游说下才同意兴造铁路。1866 年清政府决定在京师同文馆内添设天文算学馆,聘西人教授,讲授西方近代科技知识,保守派代表人物御史张盛藻、大学士倭仁却指为“用夷变夏”,说什么“立国之道,尚礼义不尚权谋;根本之图,在人心不在技艺”。电线电报引入中国时也曾遇到顽固派的百般阻挠，认为架设电线是“奇技淫巧”,会变乱风俗。1875 年,时任工科给事中陈彝上书朝廷坚决表示

宋应星纪念馆

要禁止架设电线，因为"……夫华洋风俗不同，天为之也。洋人知有天主、耶稣，不知有祖先，故凡入其教者，必先自毁其家木主。中国视死如生，千万年未之有改，而体魄所藏为尤重。电线之设，深入地底，横冲直贯，四通八达，地脉既绝，风侵水灌，势所必至，为子孙者心何以安……"(转引自《李鸿章与晚清四十年》雷颐著，山西人民出版社)架设电线与"忠孝"混为一谈，近代科技居然被卫道士们以"道德"的名义口诛笔伐，现在读来不免觉得滑稽可笑，但在当时，科举出身的士大夫们中持此种思想的何止陈彝一人？当时清政府的情势与宋应星所处的明朝末年相似，外有英法等西方帝国的肆意凌辱，内有洪秀全等领导的太平军席卷数省，战火弥漫，百姓遭殃。但李鸿章等人主张的洋务运动由于得到了少数重臣的支持，终究有所收获，大大小小的企业办起来了，"也奠定了中国工业的一个初步基础，让中国人看到什么是西方工业。"(《重说中国近代史》张鸣著，中国致公出版社)

昔日昏庸的楚怀王听信小人谗言，致使诗人屈原贬官、流放，但诗人始终牵挂楚国的命运。楚国灭亡的消息传到他耳边时，这位爱国诗人跳入汨罗江，以身殉国。唐朝天宝年间，安禄山发动叛乱时，身系国家命运的书法家颜真卿联络其从兄颜杲卿起兵抵抗，合兵二十万，护卫潼关。后淮西节度使李希烈叛乱，奸相卢杞趁机借李希烈之手杀害了颜真卿。南宋爱国诗人文天祥召集义军抵抗元军入侵，兵败被俘后，被元军押至大都囚禁了三年，对方使尽千方百计，甚至用他的妻子女儿作诱饵，想收买文天祥，都灰溜溜地吃了“闭门羹”。词人辛弃疾在马背上与金人厮杀，但受朝中权贵排挤，光复故国的志向得不到施展，忧愤而卒。这些知识分子都以独特的方式表达着对国家命运的无限关切。和他们相比，宋应星虽未像其长兄那样服毒殉国，以示忠贞，但他晚年隐居乡间，拒不出仕，同样表明其对故国的深切怀念。宋应星生前曾经教导子孙，一不要科举，二不要做官，固然与其六次科考失利的亲身经历和沦为亡国之民的切肤之痛有关，何尝不是因为他已经厌倦了那种华而不实的生活，期望子孙后代踏踏实实地做一个对社会对国家有用的人呢？

数千年倏然已过，期间多少帝王将相、高官显爵来了又去了，最后真正被人记住的又有几个？倒是像宋应星一样，着眼未来，为后世书写滴血之作的人，能够穿越时空隧道，永驻后人心中。

2012年的一天，我乘坐一辆破旧的三轮车从奉新县城出发，前去探访宋应星故里。在一位宋氏后裔的指引下，费尽周折，才找到荒草丛中的宋应星之墓。长势凶猛的野草几乎将坟墓全部遮挡，正在为先贤身后的冷落叹息不已，抬头却发现一枝黄色小花搁在暗黑色墓碑上。时值盛夏，烈日炎炎，心里却一片清凉。

泥土之下腐朽的只是一具肉体，《天工开物》及其崇尚科学的精神却是天幕上最耀眼的一颗星辰，永远为人仰望。

延伸阅读

宋应星：生于明万历十五年(1587)，卒于清康熙元年(1662)前后，字长庚，江西奉新人，明末著名科学家。万历四十三年中举，后六次进京会试均告失败。崇祯七年在江西分宜任县学教谕期间撰写《天工开物》一书，在友人涂绍煃的资助下得以刊行。分宜县学教谕任满后，他曾任福建汀州府推官、亳州知州，崇祯十七年辞官回乡。《天工开物》全书三卷十八篇，所叙内容涉及中国古代农业和手工业三十个生产部门的技术和经验，几乎包括了社会全部生产领域，该书影响波及世界，宋应星因而在世界科学史上享有盛誉。

贡士：中国古代中央一级科举考试中试者之称。原指古诸侯推荐给天子的士。唐、宋时，以州(府)、县科举考试(乡贡、乡举)中试者称乡贡士。明、清时，会试中试者统称贡士。贡士经过“殿试”，赐出身者为进士。

教谕：学官名。宋代开始设置，除宗学、律学、医学、武学等置教授传授学业外，各路的州、县学均置教谕。元、明清时期，县学都设置教谕，掌管文庙祭祀，教育所属生员。《明史·职官志四》载：“府，儒学教授一人，训导四人。州，学正一人，训导三人。县，教谕一人，训导二人，教授、学正、教谕，掌教诲所属生员，训导佐之。”

崇祯皇帝：明朝第十六位皇帝，于1622年(天启二年)被册封为信王，1627—1644年在位，年号崇祯，后世称为崇祯帝。他继位后大力铲除阉党，勤于政事，生活节俭，曾六下罪己诏，是位年轻有为的皇帝。在位期间爆发农民起义，关外后金政权虎视眈眈，已处于内忧外患的艰难境地。1644年，李自成军攻破北京时，于煤山自缢身亡，终年34岁。他的性格相当复杂，铲除魏忠贤时，表现得极为机敏，《明史》说他：“且性多疑而任察，好刚而尚气。任察则苛刻寡恩，尚气则急遽失措。”相比此前的神宗、熹宗，甚至明朝中后期的多数皇帝，他治国救国的责任感更强，所以史家对于他普遍抱有同情，认为崇祯帝的一生实是“不是亡国之君的亡国悲剧”。

治世能臣——晏斯盛

清康熙六十年(1721),新喻浒江晏家村的晏维旭老人得知长子晏斯盛高中进士的喜讯后,禁不住手舞足蹈。是啊,乡试解元、进士,接二连三的喜事,怎能不让这位同是读书人,七次乡试都未中举的父亲兴奋得彻夜未眠呢?何况更大的喜讯还在后头——十六年后(乾隆元年),次子斯美又乡试中举。一个皓首穷经的读书人,自己虽然未获功名,两个儿子“学而优则仕”,也足够他炫耀一辈子了。其实,更为难得的是,他养育了一个文才与仕才兼得的好儿子。

康熙六十年,三十二岁的晏斯盛高中辛丑科进士后选为翰林院庶吉士,正式步入仕途。京城任职七年后,雍正、乾隆年间先后在山西、贵州、安徽、山东、湖北等地担任重要职务,勤奋踏实,执政有方,可谓真正的“人民公仆”。

一

雍正六年(1728),晏斯盛由户部侍郎改任山西道监察御史。整理行装准备赴任时,皇帝亲自召见他,送他一方浮水石砚,说:“此大学士朱轼所

晏斯盛故里(上高县蒙山乡浒溪村)

进,今以赐汝,汝可时时把玩,勉为朱轼可也。”朱轼(雍正元年吏部尚书、文华殿大学士)是江西高安人,为官廉洁、刚正不阿,深得康熙帝赏识。雍正为何将朱轼所送的砚台转送给晏斯盛?原来,康熙六十年山西、陕西大旱,朱轼奉命前往两地劝粜给赈。在那儿,他严惩贪官污吏,奖励富户、绅士捐献粮钱,救济灾民。此外,还整治漕河水道,疏请建立社仓以备灾荒,政绩斐然。雍正赐给晏斯盛这方砚台用意明显——希望他能以朱轼为榜样,勤政廉政,造福一方百姓。众所周知,雍正帝非常勤于政事,在位13年中朱批过的折子就有360卷。《清史稿》载:“帝研求治道,尤患下吏之疲困。有近臣言州县所入多,宜釐剔。斥之曰:‘尔未为州县,恶知州县之难?’至哉言乎,可谓知政要矣!”皇帝清醒得很,想忽悠他是不可能的。清史大家萧一山也曾高度评价,“世宗治国天资独高,循名责实,信赏必罚,好名图治,於国有功,以文景之治的景帝喻之。”皇帝都如此勤政,上行下效,晏斯盛焉能不明白他的深意?

晏斯盛到了山西,得知驻防山西的镶红旗军巡役依仗其特殊背景为非作歹,凌辱官绅,立即深入调查。镶红旗军中一些人侦知新来的监察御史在调查他们,恶行并未收敛,反而故意找茬,将参与调查的人员扣押在兵营里,随意打骂。这些躺在祖先福荫之下的特权阶层没料到晏斯盛竟与他们针锋相对——情况调查清楚后,晏斯盛据实奏报,并请朝廷将他们绳之以法。雍正帝接到奏折后当即批示:“晏斯盛据实陈奏,甚属可嘉,若隐忍不言,则此辈愈多事矣,晏斯盛着交部议叙。”

当时山西经常遭受旱灾,粮食储备显得尤为重要,能否解决好老百姓的吃饭问题,是考验地方官执政能力与执政水平的关键指标。晏斯盛可能是从老乡朱轼那儿得到启发，一番调研之后，建议朝廷："各州县立社仓，原以通济丰歉。贫民借谷，石收息十升。如遇歉，当不取其息。"按职责，此类问题似乎不是监察御史应该考虑的，但平民出身的晏斯盛深深懂得什么叫饥寒交迫。俗话说"民以食为天"，饭都没有吃，还谈什么经济发展呢？

雍正七年(1729)冬天，晏斯盛调任贵州提督学政。学政是执掌一方教育重任的官员，相当于现在的教育厅长。晏斯盛在贵州任上，特别重视该地少数民族的"义学"。义学又称义塾，为私学的一种，其经费主要来源于私人赞助。清朝义学与过去的不同，最初设在京师，后来各省府、州、县纷纷设立，成为贫困子弟或苗、黎、瑶等少数民族子弟接受教育的机构。清廷此举，其实是"改土归流"政策的重要组成部分。所以早在雍正三年便议准："苗人子弟情愿读书者，许各赴该管府、州、县报名，送入义学，令教官严加督察。"晏斯盛一边强化学堂建设，一边积极向朝廷建言献策，"多设义学，启迪秀，使知诗书，渐见文物，实黔省大利"，"天子治化日隆，教泽日广，无中外汉夷，皆得立义学"……多被朝廷采纳。

为了鼓励更多少数民族子弟识字读书，晏斯盛亲自为明朝著名理学家李渭讲学之地——贵东道思南府华严寺题写了"中和书院"匾牌。兴趣来时，晏斯盛亲登讲坛，为学员传道解惑。一省学政如此重视教育，加上不断有人"金榜题名"的事实，全省秀才对晏斯盛十分敬重，任期届满时，他们齐聚官署门前，上书恳请晏斯盛留任。

久而久之，政府对教育的重视取得了明显效果。明清两朝，贵州一省取得七百进士、六千举子、三鼎甲一探花的骄傲成绩。

晏氏祠堂前的石狮

二

晏斯盛在贵州所取得的成绩深得乾隆帝赞赏，即位后，乾隆帝在其“请安折”上批示：“以学政任内名声颇好，当益加勉励，扩充识见，为一代名臣，毋负期望至意。”赏识之余寄予厚望。因此，晏斯盛被召回京，充任乾隆上台后第一届会试同考官。差事办完后，朝廷又派晏斯盛任安徽布政使。

晏斯盛在安徽任职期间，连年闹灾，许多百姓背井离乡，四处要饭。作为一省主官的重要副手，百姓的遭遇让他寝食难安。四年里，晏斯盛奋战在抗灾一线，千方百计统筹全省各地粮食配给之际，又数次上书朝廷，请求减免税赋，建议用以工代赈的办法兴修水利，造福黎民。例如，乾隆二年奏言：“各省水旱灾，督抚题报，应即遴员发仓谷治赈，仍于四十五日限内题明应否加赈。其当免钱粮，将丁银统入地粮覈算，限两月题报。或分年带徵，或按分蠲免，请旨遵行。”三年，疏言：“安徽被灾州县，仓储不敷赈粜，请留未被灾州县漕米备赈。”四年，奏言：“江北向多游食之人，每遇歉岁，轻去其乡。惟寓赈于工，人必争趋。凤阳、颍州以睢水为经，庐州以巢湖为纬，六安、滁、泗旧有堤堰，请援淮、扬水利例，动帑修濬。”兴修水利才是抗灾的治本之策。白天，晏斯盛带领百姓开沟挖渠、修堤筑坝；晚上，他及时总结经验教训，奋笔疾书，专门撰写《江北水利书》二卷，为其他地区水利建设提供了宝贵经验。

在这期间，有一个人不得不提——乾隆元年进士郑燮(即后来赫赫有名“扬州八怪”之一，诗、书、画世称“三绝”的郑板桥)。因晏斯盛任当年会试同考官，所以郑板桥称他为老师。郑板桥中进士后，不知为何，滞留京师一年却未谋得一官半职，尴尬之下不得不南下扬州。当时晏斯盛虽在安徽任职，但住所在江宁(今南京)，闲居扬州的郑板桥想请老师帮帮忙，从而获得推荐。乾隆三年(1738)，郑板桥一口气作了一组四首七律呈给晏斯盛，题为《上江南大方伯晏老夫子》：

虎瞰峰高迥出云，凤池春早曲流纹。才充上苑千林秀，气压西江九派分。舟下牂牁开涨海，山临铜鼓拂南熏。武侯千载征蛮后，直待先生展大文。(其一)

归朝晋秩列卿班，检点彤仪肃珮环。虎旅千人排象阙，鹓行九品拜龙颜。再持文柄心愈下，屡沐殊恩意转闲。惭愧无才经拂拭，也随桃李谒高山。(其二)

六代烟花迎节钺，一江波浪涌文章。云边保障开钟阜，天下军储仰健康。星轺渺渺下南邦，剑匣书橐动晓装。赤旱于今犹不细，披图何以绘流亡！(其三)

淮南大郡古扬州，小县人居薄海陬。架上缥缃皆旧秩，枕中方略问新猷。郇湖浪阔输洋子，匡阜云来润石头。手把干将浑未试，几回磨淬大江流。(其四)

诗中以晏斯盛的仕途轨迹为线索，称颂了老师的功业，最后含蓄地表达自己想一展才华的强烈愿望。学生的焦灼，老师当然心知肚明，但从郑板桥后来的经历看，晏斯盛并未积极推荐他。也许晏斯盛认为郑板桥虽有文才，却不一定适合做官？一直到乾隆六年(1741)，四十九岁的郑板桥入京候补官缺，受到慎郡王允禧(康熙第三十一子)的礼诚款待。在他的举荐下，第二年春天终于任职范县县令。

查考有关史料，郑板桥虽然只做了十二年芝麻小官，却也像其老师晏斯盛那样情系民生，清正廉洁。"曾任范县令，爱民如子。室无贿赂，案无留牍。公之余辄与文士畅饮咏诗，至有忘其为长吏者。迁潍县，值岁荒，人相食。燮开仓赈济，或阻之，燮曰：'此何时，若辗转申报，民岂得活乎?上有谴，我任之。'即发谷与民，活万余人。去任之日，父老沿途送之。"关键时刻敢于突破办事程序，开仓救灾，自己的仕途命运置之度外，那个年代，多少人能做到？"……秋又歉，捐廉代输，去之日，悉取券焚之。潍人戴德，为立祠。官山东省先后十二载，无留牍，亦无冤民。乞休归，囊橐萧然，卖书画以自给。"名副其实的"两袖清风"。看来，晏斯盛当初错看这位学生了。

三

乾隆七年(1742),晏斯盛丁忧(父亲病逝)三年期满,升任山东巡抚。

当时山东治安状况较为严峻,经常有“老瓜贼”出没,杀人越货,手段异常残忍。“老瓜贼”是清初活跃在北方几个省份,专门劫杀过往旅客商人的盗贼。康熙、雍正、乾隆三朝都曾采取不同政策对其实施严厉打击。乾隆六年底,皇帝特颁谕旨,要求直隶、山东、河南三省地方官设法查拿老瓜贼:“直隶、山东、河南三省,有老瓜贼一种,狠毒异常,大为行旅之害,虽现在有司官设法查拿,而匪党甚众,行迹诡秘,究竟不能净其根诛,况今节届严冬,正宵小窃发之际,尤当加以防范。著三省督抚各饬属员弁稽查捕缉,严密周详,不使凶恶之徒一名漏网,俾途次永远宁静,过客可以坦行。如再有疏虞,该督抚先行严参,毋得宽纵。”这份谕旨至少传达了两个信息:一是老瓜贼严重影响地方安定,而且人数众多;二是朝廷督促有关地方严厉打击,斩草除根以绝后患。

晏斯盛的前任、山东巡抚朱定元曾经就严打老瓜贼一事上书朝廷,主张加派兵力在连通各地的大路上加强巡逻,严密防范。晏斯盛到任后,发现光这样做还远远不够,大路守住了,那些偏僻的小道呢?果然,各地上报的案子有增无减。面对如此严峻形势,晏斯盛深入一线查访,逐渐摸清了问题的症结所在,随后呈报朝廷:“贼情狡狯,大道巡严,必潜移僻路;或假僧道技流,伏匿村落。应令州县督佐杂分地巡察。”建议基层严密防控,加大盘查力度,把治安这张网织得更密一些,用现在的话说就是“群防群治”。过了数月,又奏:“邪教惑民,莫如创立教会,阳修善事。此倡彼和,日传日广,大为风教之害。尽法深求,株连蔓延,恐生事端。请将创教授徒为首者如法捕治,被诱者薄惩,出首者免究。”可见老瓜贼违法犯罪的隐蔽性——打着传教的幌子,拉帮结派,为非作歹。这些对策,没有深入一线调查,仅仅坐在官衙里是想不出、编不出的。

两年时间，晏斯盛夙夜操劳，不敢怠慢，最终有效遏制了贼情蔓延，逐渐治愈了这一危害社会的“顽疾”。

四

乾隆八年(1743)，晏斯盛调任湖北巡抚。

在湖北，晏斯盛一如既往地立足本职工作，关心民生疾苦，特别是针对救灾济民提出了一系列创造性建议。如关于设立“社仓”(社仓是民办粮仓的一种，由南宋朱熹首创。一般没有专门的仓库而在祠堂庙宇储藏粮食，粮食来源是劝捐或募捐，存丰补歉；粮食的周转则采用借贷的形式，通常是春放秋收。)的建议，早在雍正年间任山西道监察御史时，晏斯盛曾就此事专门上奏。辗转多个地方任职，考察各地实情后，这一想法在晏斯盛心中渐渐完善和成熟。为此，他向乾隆帝上了一个长长的奏折，专门论述这个问题。

在这份奏折中，晏斯盛首先评述周、秦、汉、隋、唐、宋等朝有关保障民生的制度，继而谈到社仓与保甲制度的关系，“虽然，社仓保甲，原有相通之理，亦有兼及之势。求备诚难，试行或易。加意仓储，既虑贵粜妨民，停止采买，又虑积贮无资。”建议“详加酌剂，拟请停户部捐银之例，令各省捐监于本地交纳本色，以本地之谷实本地之仓，备本地之用”。针对“社仓未有实际，以仓费无所出也。名有社仓，而仓不在社，社实无仓，往往然矣”的现状，最后提出“取乡保谷数而约举之，大州县八十堡，四堡一仓，仓一千二百五十石，总二万五千石，中小州县，以此类推。储蓄之方，莫便于此。方今治平日久，一甲中不少良善，四堡之仓，轮推甲长递管，互相稽覈，

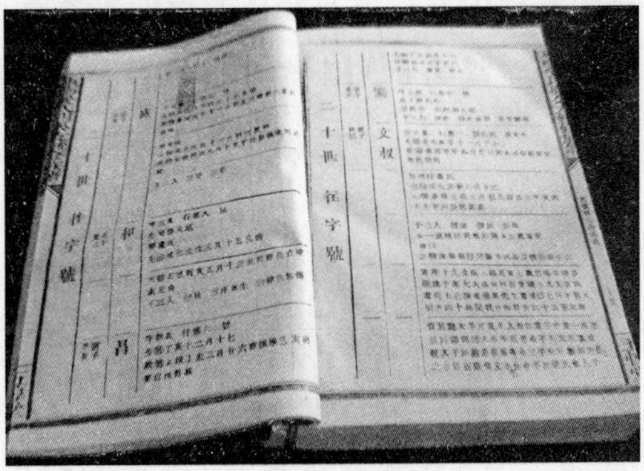

晏氏族谱内文

浒溪村老祠堂

年清年款。则社长累弊自除,而官考其成,隐然有上下相维之势矣。”乾隆帝阅了十分高兴,下令各地推广此法。粮食问题是维系政权稳定的基石,乾隆早期国力强盛,百姓安居乐业,离不开像晏斯盛那样心系民生的能臣。

除了在教育、水利、粮食等方面积累了大量执政经验,晏斯盛对金融也有独到见解。《清史稿·晏斯盛传》载:“京师钱贵,上令廷臣议平市值,下各督抚仿行。斯盛疏请视京师例,禁民间铜铺毁钱;又令州县每岁秋以平粜钱市谷。时设局令商民以银平易,又疏请捕私钱,并禁民私剪钱缘,兼限民间用银二三两以上、粜米二三石以上,皆不得以钱准银,下廷臣议行。”可见他对国家货币发行量与经济发展的关系有比较清醒的认识。

晏斯盛为官二十余年,自始至终兢兢业业,并且善于在工作实践中积累、总结执政经验,没有辜负乾隆帝的殷切期望,堪称“一代名臣”。

延伸阅读

晏斯盛:生于清康熙二十八年(1689),卒于乾隆十七年(1752),字虞际,号一斋,清朝新喻浒江(现为上高县蒙山乡所辖)人。康熙五十九年(1720)江西乡试第一名,次年举进士,为庶吉士。雍正年间,授翰林院检讨、会试同考官、山西道监察御史、贵州学政；乾隆年间先后任安徽布政使、山东巡抚、湖北巡抚。著有《易学初津》《禹贡解》《楚蒙山房易经解》《诗集》数十卷。

朱轼：字若瞻，又字伯苏，号可亭，谥文端，瑞州府高安县艮下村(今江西高安市村前镇艮下朱家村)人。生于清圣祖康熙四年，卒于高宗乾隆元年，享年七十二岁。前清名臣，历仕康熙、雍正、乾隆三朝，官至太子太傅文华殿大学士，兼吏兵二部尚书，为乾隆帝师。任浙江巡抚时，首创用"水柜法"修筑海塘，为治理沿海水患功垂后世。居官廉洁，刚正不阿，世人颂其"束其励行，通经史百家"。卒后次年归葬故里，乾隆帝御赐"帝师元老"。朱轼生活俭朴，高安民间旧时流行的酒席"朱公席"，待客时多为四盘两碗，据说是朱轼宴请乾隆时所创。

社仓：民办粮仓的一种，由南宋朱熹首创。社仓不特指某个粮仓，而是一种储粮制度。一般没有专门的仓库而在祠堂庙宇储藏粮食，粮食的来源是劝捐或募捐，存丰补歉。粮食的周转则是借贷的形式，一般春放秋收，利息为十分之二。孝宗乾道四年(1168)，建宁府(治今福建建瓯)闹饥荒，当时在崇安(今武夷山)开耀乡的朱熹，同乡绅刘如愚向知府借常平米600石赈贷饥民。贷米在冬天归还，收息20%，小歉利息减半，大饥全免。计划待息米相当于原本10倍时不再收息，每石只收耗米3升。后来归还了政府的常平米，至淳熙八年(1181)已积有社仓米3100石。这一年朱熹将《社仓事目》上奏，孝宗"颁其法于四方"，予以推广。为此仓储行业奉朱熹为"紫阳仓祖"(朱熹号紫阳)。

义学：中国旧时靠官款、地方公款或地租设立的蒙学。产生于北宋时期，始于名相范仲淹，对象多为贫寒子弟，免费上学。教育内容主要是识字写字、读书、作文、学算等，并兼有伦理教化的功能，常用的课本有《三字经》《百家姓》《千字文》《千家诗》《昔时贤文》等。

改土归流：又称土司改流、废土改流，始于明代中后期，是指将原来统治少数民族的土司头目废除，改为朝廷中央政府派任流官。明朝在平定云南之后就根据云南少数民族的特点，在广大少数民族地区实行土司制度，并不断地使之完善。可是随着社会的不断发展和进步，土司制度的弊端越来越明显，已经不再适合边疆少数民族地区的发展和中央的统治，废除土司制度已成为历史发展的必然。明朝末年，在一些条件比较成熟的地方首先废除了土司，改以流官取代土官，实行改土归流。可是有目的、有计划的大规模的改土归流主要是发生在清代雍正年间，主持西南改土归流的是云贵总督鄂尔泰。鄂尔泰认为土司制度是西南边疆的最大隐患，必须尽早尽快解决。只有将横暴桀骜的土司逐渐擒拿，在其统治地区逐渐改设流官，才是治本的方法，否则是不能解决西南边疆的稳定和安宁的。鄂尔泰的改土归流主要以政治手段即招抚为主，在一些地区也通过武力强制实行改土归流。经过雍正年间的改土归流后，云南境内的土司所剩已不多，剩余土司中的大部分一直延续到20世纪50年代。改土归流后，清政府在原土司领地分别设置府、州、厅、县，委派有任期、非世袭的流官进行直接统治，实行和内地一样的各项制度，如设立保甲、编制户口、丈量土地、厘定租税、清查钱粮、建立学校、推广儒学等。这不但促进了西南地区社会经济的发展和文化教育的进步，也大大加强了清王朝在云南的统治，使云南边疆与内地在政体上统一，进一步巩固了多民族国家的统一。

沙场人生——张春发

宣统三年(1911),两鬓斑白,沙场拼杀一辈子的张春发将军感觉退隐归乡的时刻到了。此前,朝廷安排他协助两江总督端方管理营务,后又授其安徽寿春总兵一职,都被他坚决推辞。

回乡那天,曾经的同僚前来送行,将军只是在马上略微欠了欠身子,算是答礼。好在同事们都知道他性情耿直,并不在意。于是一片寒暄声中,马背上张春发的身影便渐渐变成一个小黑点了。

道路两旁的树木在秋风的扫荡下只剩下光秃秃的树干,空中偶尔传来一两声乌鸦的鸣叫。张春发扬鞭策马,泥浆溅在枯草上,沉甸甸的,宛如将军的心事。

张春发记得萌发退隐念头的那天晚上,脱下战袍,灯下轻抚着它,耳畔又响起刀剑碰击和将士呐喊的激越之声,暗红的鲜血仿佛注满整个房间。

时间给人的感觉是只有到了最后一刻,你才发现它的快捷。在张春发的人生记忆表里,十三岁是一个重要的刻度。

咸丰五年(1855)十一月,势头正旺的太平军的一支在石达开的率领下进占江西,前后不到半年时间,连克七府四十七县,加上原来已占有的九江、湖口、彭泽,总共八府五十县。当时石达开的总指挥部就设在临江,与张春发的家乡——新喻罗坊仅咫尺之遥。

张春发故里(今新余市罗坊镇堆上张家)

据张春发的墓志铭记载,咸丰六年(1856),十三岁的他被“虏入”太平军。但综合太平军在江西境内活动的有关史料分析,从小喜欢习武,身体矫健的张春发很可能是在周围青壮年男子的带动下,自愿加入这支农民起义军的。其实,太平军进入江西前后,江西全省遍地都掀起了反封建风暴。咸丰三年至咸丰六年间,武宁、龙泉、上犹、泰和、兴国、南康、安远、铅山、赣州、抚州、瑞金等地都先后爆发了规模不等的农民起义,有的起义部队旋即与太平军汇合一起。据传教士丁韪良写太平军占领抚州经过的《通讯》中说:“府城原有三千官兵驻守,一遇险象发生,即弃城而遁,留下大炮,甚至其他军械,尽资敌人。太平军到,屯东城下,居民开城迎之。乃先遣八人骑马先入,巡行各街道,安抚百姓。大队乃继之进战。其后派队四出,在各村镇募兵,持有‘奉命招兵’大旗,迅即招得志愿兵几至万人……”石达开的对手,湘军统领曾国藩估计:在1856年3月下旬,即石达开未离开江西之前,江西太平军已发展到十万人。为什么短短两年时间,太平军兵力剧增?原因在于太平军的军纪严明、深得民心。进入江西后,“石达开拟定了十条关于军队纪律和军民关系的章程,命令部将在行军中广泛刊布,严格执行。章程要求:‘民知尽民道,兵自守兵规’,并郑重申明:‘倘有军士肆意扰害等情,民等尽管放胆直前,照开列后条规禀明,以便按法究办。’据记载,太平军在瑞州，'踞郡邑城将二年，民甚不堪蹂躏(按：此当太平军为解决军需，不得不进行正常的征调财物粮米等事)，然而淫掠焚杀，犹未甚也'。另据记载，太平军围攻吉安五十多天，但在破城时，除了歼灭坚决顽抗的敌人以外，'不戮一人，有掳民间一草一木者，立斩以徇'。关于太平军的严明纪律，时人邹树荣在纪事诗中也说：'传闻贼首称翼王，仁慈义勇头发长。所到之处迎壶浆，耕市不惊民如常。'太平军在克抚州后，曾规定：'禁止部下宰杀耕牛，凡有暴行祸民者，皆严刑惩罚。'"(转引自杜德风《太平军经略江西的胜利》)。与此相反，湘军在江西境内却趁战乱之机抢劫财物，奸淫妇女。百姓自然拥护太平军了。

张春发在太平军里一待就是五年。五年间，他随军征战南北。

咸丰十一年(1861)，张春发的人生轨迹突然来了一个一百八十度大拐弯——投效湘军吉字营。为什么跟随太平军整整五年却突然转投敌手怀抱？历史留给后人一段耐人寻味的空白。也许是某次战斗中被湘军俘虏，不得已而为之？抑或与上级军官发生了不可调和的矛盾，还是对太平军的前途已有惊人预测，早有投诚意向？颇有意味的细节是：这一年张春发十八岁，正处人生观逐渐明晰的关键时期。

张春发投效的湘军吉字营是曾国藩的嫡系部队，由其弟曾国荃统领。咸丰十一年九月，曾国荃的湘军吉字营与太平军陈玉成部血战，花了一年多时间终于攻占军事重镇安庆。张春发很可能就是在此时转投湘军。随后，曾国荃命令将因弹尽粮绝而投降的太平军分成100人一批，轮流叫他们进屋领路费。这些手无寸铁的战士万万没想到，进屋后便由刀斧手捆绑起来，从后门押出去砍头。残暴的刽子手整整砍了一天一夜，一万余颗头颅倒地。安庆城内顿时血流成河，尸骨成堆。太平军将士的头颅滚落在地上的悲情时刻，不知挺立在队列中的张春发作何感想？人的一生波谲云诡，迷雾重重，也许手握大刀的张春发心里只有一个念头——立功？同治元年(1862)至同治三年(1864)，张春发跟随湘军一路征战，直到攻入太平天国首府天京，因累立战功被奏保提拔为把总，从此开启升迁之路。

随后五六年间，张春发跟随左宗棠在淮北打击捻军，因作战勇猛数度升迁。同治八年(1869)，经左宗棠奏保，提拔为副将。同治九年(1870)，张春发随左宗棠奔赴陕甘地区镇压回民起义，参加了著名的金积堡之战。此战耗时两年，双方展开拉锯，回民起义军决渠淹清军，而“春发开沟筑堤，引流反灌，破垒二百余”。最终起义军粮尽援绝，首领马化龙自缚请降。主将刘锦棠为报刘松山（刘锦棠为刘松山侄子，后者战死于稍前一次攻坚战中)之仇，上书朝廷将马化龙凌迟，并将马化龙家族三百余人全部处死。战争使人疯狂，杀红了眼的将士心里唯剩“仇恨”二字。

同治四年(1865)，阿古柏趁新疆回民起义之机率兵侵占喀什。紧接着，同治十三年(1874)，日本出兵台湾。清政府面临西北、东南两面夹击，危机重重。怎么办？朝廷内部由此引发“海防”与“塞防”孰轻孰重的争议。争议的各方都主张要加强边防，但在如何加强防务上存在根本分歧。争议的焦点，围绕在“收复新疆还是放弃新疆”上。以陕甘总督左宗棠、湖南巡抚王文韶为代表的一方力主收复新疆，认为首要之务在于注重“塞防”，因为“但使俄人不能逞志于西北，则各国必不致构衅于东南”；执掌实权的直隶总督兼北洋大臣李鸿章，因为正在筹建北洋水师，从维护本集团的利益出发，他借口财饷困窘，却说“新疆不复，于肢体之元气无伤；海疆不防，则心腹之大患愈棘”。左宗棠则认为“东则海防、西则塞防，两者并重”，但是当务之急是以武力驱除侵略者，规复新疆。他特别强调俄国居心叵测，若中国不图规复乌鲁木齐，则俄人得寸进尺，不仅新疆堪虞，且蒙古、陕、甘、山西各边“防不胜防，即直北关山，亦将无晏眠之日”。最终，清政府采纳左宗棠的建议，于光绪元年(1875)四月任命他为钦差大臣，督办新疆军务，出兵新疆。

光绪二年(1876)，张春发随前敌总指挥刘锦棠进入新疆，首先攻下古牧地，接着连续攻下乌鲁木齐、玛纳斯城，越过天山向南疆进发。在南疆，清兵势如破竹。张春发所部骁勇善战，连克达坂城、托克逊、吐鲁番，阿古柏狼狈逃窜至库尔勒，绝望之余自杀。张春发马不停蹄，继而收复喀喇沙尔、库尔勒、拜城、阿克苏、乌什、喀什噶尔、叶尔羌城、英吉沙尔、和田。逃至安集

张春发故里祠堂

延(今乌兹别克斯坦境内)的阿古柏残部试图东山再起,袭击喀什噶尔,张春发又领兵给予迎头痛击。光绪五年(1879),张春发“捣其巢,逐北至俄境”,两年后新疆全境收复。五年里,张春发转战天山南北,在漫漫黄沙中,在戈壁滩上,与叛军展开搏杀,期间艰辛无法形容。若干年后,跨坐在战马上的他,听着坐骑扬蹄嘶鸣时,眼前一定浮现叛军四散奔逃,部下纵马追击的激动场景吧?

那段时间清政府处于多事之秋,新疆之乱刚刚平息,光绪九年(1883)十一月,越南河内法军进攻清军防地山西,中法战争爆发。次年二月,张春发随同广西提督王德榜以记名提督身份参战。三年前赶走了俄国人,如今又要驱逐那些觊觎中华国土的法国人。

战争初期,由于李鸿章密令广西巡抚潘鼎新“战胜不追,战败则退”,使清军坐失战机,处于防守挨打的被动地位,一路后撤。光绪十一年(1885)一月,南疆大门镇南关沦陷,朝野震惊,舆论哗然。关键时刻,两广总督张之洞派老将冯子材率兵迎击法军。战斗打响后,张春发率三百勇士负责拦截法军辎重。关于这次战斗,徐珂《清稗类钞·张春发胜法人》中有生动记载:“大战镇南关之日,将战,孝祺(时任广西右江镇总兵王孝祺)闻有枪炮声,令春发率三百人巡哨。行经大森林,忽闻人马鼓角声甚盛,知他队敌兵且大至,

张春发将军遗像

惧甚，乃令此三百人者匿于林中，以俟其过。时两军前敌已开战，法军预调别队二千人及大宗子弹由间道前往济师。见森林，惧有伏，不进。张匿林中久，既不闻声，以为法军过且尽，亟欲返命，率众奔而出，猝遇法军，惊且愕，当时进退皆不可，张顾谓三百人曰：'今日战，死。不战，亦死。然力战，或可不死。且敌人欲进而反止，是中馁也，不如因其馁而乘之。'三百人哄应曰：'然。'则一鼓作气，径前搏战，冲其中坚……三百人者，东驰西击，短刃相接，法军阵动而溃，死伤过半，子弹尽为春发所有。乘胜前进，于是前敌战正酣，我军气益发扬，拒战益力。敌知别队已失利，子弹告罄，接济又绝，兵气大涣，遂大败，并摇动大本营，一日夜，退百数十里。于是我军大胜于镇南关，即日克复谅山。"狭路相逢勇者胜。从这里可以看出，张春发不但勇猛过人，而且知己知彼，善于抓住战机对敌人实施突然打击，最终以少胜多，为整个战局形势的翻转奠定了坚实基础。所以徐珂评价此役："冯子材、苏元春、王孝祺等与法人战于镇南关外也，其初固常败，而后之反败为胜，实出于张春发所率之三百人。"一场战役的胜败往往决定整个形势的变化，清军最后击败法军，张春发确实功不可没。

中法战争结束后，张春发历任广西右江镇、左江镇总兵，代替广东陆路提督，广东提督、湖北提督，期间因战功数次获得朝廷嘉奖。

光绪二十六年(1900)，八国联军侵略中国，清政府被迫宣战。湖北提督张春发奉诏随巡阅长江水师大臣李秉衡等进京"勤王"，但后者节节败退自杀殉国。至于这次战争中张春发表现如何，有关史料中只提及"张春发部稍战即退南苑"。为何"稍战即退"？是兵力、装备悬殊还是将士无心恋战？久经沙场的张春发回忆这段难言经历时不知作何感想？毕竟失败对于一个职业军人来说是一种不可接受的耻辱。话又说回来,当气数将尽的统治阶层一味退让，武夫卖命于国家命运又有何益?不过是充当炮灰。

祠堂门前的旗杆石

光绪二十七年(1901),年近花甲的张春发调任云南提督，统辖一省军队。没多久,不知何故,他的上司、云贵总督魏光焘向朝廷参奏张春发“营务废弛”,后者因此革职。也许性格直爽的张春发无意中得罪了这位上级,所以被莫名其妙地摘掉乌纱帽。正当张春发郁闷地赋闲在家时,湖广总督张之洞上奏朝廷,为他辩白,两年后才得以复官。然而张春发也许已经厌倦了官场上的钩心斗角、相互倾轧,决意退休,尽管很多人出面挽留,他还是坚持要走。

张春发解甲归田第二年(1912),为之奋战一生的清政权寿终正寝。一个时代宣告结束,历史翻开崭新的一页。或许张春发已经看见属于自己的舞台摇摇欲坠,或许他终于弄明白了 个道理 从十二岁踏上战场那刻起,五十多年交给刀光剑影和枪林弹雨,战马、呐喊、硝烟、鲜血、恐惧、呻吟……还有那些扭曲的尸体,多少次闯入梦中?人生之路崎岖漫长,有时却虚幻无比,等到置身浩瀚时空才猛然惊觉,所有努力不过是一粒微尘。

延伸阅读

张春发:生于清道光二十三年(1843),卒于民国四年(1915),字兰陔,今新余渝水区罗坊镇堆上张家村人。家境贫寒,小时喜欢习武,身体矫捷过人,清咸丰六年入太平军,咸丰十一年(1861)投湘军吉字营。同治年间,跟随左宗棠收复新疆,光绪九年中法战争,与冯子材一道大败法军。曾任广西右江镇总兵、广东陆路提督、湖北提督、云南提督。民国四年(1915)病逝。

石达开:小名亚达,绰号石敢当,广西贵县(今贵港)客家人,太平天国名将,近代中国著名的军事家、政治家、武学名家。他深受太平军将士和各地民众爱戴,也是太平天国最富有传奇色彩的人物之一。十六岁便“被访出山”,十九岁统率千军万马,二十岁封“翼王”。1855 年秋天,石达开挥师江西,四个月连下七府四十七县,由于他军纪严明,施政务实,爱护百姓,求贤若渴,江西人民争相拥戴。1863 年在四川率军抢渡金沙江时被清军围困,清军乘危诱降,许诺保全将士生命。6 月 13 日,石达开自投清营,幻想舍命保全部众,结果被解往成都,于 8 月 6 日杀害,时年 33 岁。其部属 7000 余人亦被全部处死。

湘军:晚清时对湖南地方军队的称呼,或称湘勇。太平天国运动兴起后,清朝正规军无法抵御,不得不利用地方武装,湘军就是在这时发展起来的。除了镇压太平天国时期的曾国藩创建的湘军,还包括该部一直延续到抗日战争时期的湖南军队。直到何键下台,蒋介石才把湘军改造为半中央军。到 1949 年,半中央化的湘军全部被解放军消灭,湘军的历史至此终结。

湘军大体上仿照明朝戚继光的营制,以营为基本单位,直接受“大帅”统辖(后增设统领,各统率若干营)。每营编营官一、哨官四、勇丁五百人,另配长夫一百八十人,合计每营六百八十五人。每哨设八队,火器队与刀矛队各半。火器主要有抬枪、鸟枪。全营有劈山炮队二,直隶于营官。湘军水师筹组的时间略晚于陆师。水师每营编快蟹船一、长龙船十、舢板船十,共二十一只,员额为四百四十七人〔1856 年后,改制如下:裁快蟹船,长龙船减为八艘,舢板船增为二十二艘,全营共有船三十艘(每船炮位如旧),员额增至五百三十二人〕。每只长龙船安炮七门,舢板船安炮四门,均为六百斤至千斤的洋炮。各船还配有火枪、刀矛,以备近战。此外,湘军还设有营务处和粮台,分别管理全军的军务与后勤。

湘军的兴起使清代兵制发生了根本变化。湘军建立前,清朝常备军为绿营。绿营兵为土著世业,将由铨选调补,军饷由户部拨给,兵权握于兵部,归于中央。湘军既兴,兵必自招,将必亲选,饷由帅筹,其制正与绿营相反,故兵随将转,兵为将有。曾国藩对湘军拥有极大的指挥调度权力,自成派系。当湘军在实际上取代绿营时,将帅自招的募兵制度便代替了国家经制的世兵制度,近代北洋军阀的起源,实始自湘军的"兵为将有"。

金积堡之战:清同治八年至十年(1869—1871 年),陕甘回族马化龙领导的起义军在金积堡地区(今宁夏吴忠金积镇)对抗清军的一次著名战斗,也是左宗棠平定西北回民暴乱过程中重大的转折性战役。

此次战役虽以清军胜利告终,过程却异常惨烈。左宗棠在陕甘指挥的清军,总计十二万人左右。金积堡之战,执行其"三路平回之策"的北路军和中路军的大多数部队都直接参加了作战,其余则用于保护后方运道,如从平凉经固原到灵州的九百余里间,便用了三十余营兵力。在这次作战中,清军"死伤山积,屡失大将",仅刘松山所部老湘军,营官损失十分之四,官兵死亡千余,因伤致残者达二千余人。左宗棠不得不承认"十余年剿发平捻,所部伤亡之多,无逾此役者"。

海防与塞防之争:1874 年春,日本以琉球船民被害为借口发兵台湾,勒索白银 50 万两而还,这是"同治中兴"十余年来第一次出现来自海上的入侵,清政府非常震惊,加强海防建设随即提上议事日程。以恭亲王奕䜣为首的总理衙门立即上疏同治帝,提出练兵、简器、造船、筹饷、用人、持久等六条加强海防的具体措施,并建议交由南、北洋通商大臣及滨江沿海督抚、将军筹议,最后由朝廷枢臣复议、决策。之后半年,包括李鸿章、沈葆祯、左宗棠等在内的地方大员 29 人共递上相关折片 60 余件,纵论国防要务。李鸿章主张停撤西北"已经出塞及尚未出塞各军","停撤之饷,即匀作海防之饷",理由是"论中国目前力量,实不及专顾西域","况新疆不复,于肢体之元气无伤;海疆不防,则腹心之大患愈棘"。左宗棠既驳斥只有牺牲塞防才能加强海防的逻辑推理,又批评了只修陆战之备,不必争利海中的片面观点。他明确指出:“东则海防,西则塞防,二者并重。”1875年5月30日,清廷发布上谕,为这次海防与塞防之争做了结论:一是肯定“海防关系紧要,既为目前当务之急,又属国家久远之图”,并委派李鸿章、沈葆桢分别督办北洋、南洋海防事宜;二是明令左宗棠“通盘筹画,以固塞防”。实际上采取了海防与塞防并重的国防方针。海防与塞防之争是清政府内部面对新的边疆危机,如何确立新的国防战略的一场争论,对清政府国防战略的形成起到了积极的推动作用。

水墨旋舞——傅抱石

一

“时间往往会冲淡人的记忆,然而我和儿女们对他的思念之情,不但丝毫未减,反而与日俱增。他那典型的男子汉气概,响亮的嗓门,坚强的性格,爽朗的笑声,偶然间,似乎他正在与客人高谈阔论;在街上,会突然看到仿佛他在人群中。这当然是错觉,他给我们留下来的是美好、完整的形象,时时都会在脑际浮现出来,‘音容宛在’这个形容词,对我们来说,是多么真实啊!”回忆一代国画大师、夫君傅抱石时,罗时慧女士的无限深情徐徐注入笔端。1965年9月29日,从上海回来的傅抱石突发脑溢血,病逝于南京寓所。此前,傅抱石应上海市委会邀请,商谈为虹桥机场创作大型壁画事宜;素喜杯中之物的他肯定和往常一样,饮酒作画谈笑风生。然而这次傅抱石未能再现昔日绘制《江山如此多娇》的辉煌,回到南京的第二天,生命之歌戛然而止,洁白宣纸上留下深深的遗憾!

傅抱石从南昌城的中学老师成长为闻名中外的国画大师,如果说自身的勤奋与刻苦是雄厚的基础,是内因,那么,期间结交的三个亦师亦友的人则是助其成长的巨大外力。

首推徐悲鸿。当时,具有西方诸国留学背景的徐悲鸿已是画界翘楚。傅

傅抱石故居

抱石虽在南昌小有名气，但环境所囿，艺术才能得不到进一步提高。1931年夏天，南昌一家旅馆内，27岁的傅抱石抱着作品拜访年长自己九岁的徐悲鸿。徐悲鸿认真地欣赏作品时，立在一旁的傅抱石也许能清晰地听见自己急促的呼吸与心跳吧？因为这位名家的指点或许将决定自己艺术之路的方向。伯乐的慧眼总是能够准确地辨识千里马。从傅抱石带来的作品中，徐悲鸿惊讶地发现，这个年轻人身上独特的艺术潜质。人才需要一个广阔的成长空间。徐悲鸿找到当时江西省国民政府主席熊式辉，向他极力推荐傅抱石，希望政府资助其出国留学。为了促成此事，徐悲鸿特意送了一幅奔马图给熊式辉，这样，傅抱石才得以在人声鼎沸的上海滩登上远赴日本的轮船。

事实上，爱才惜才的徐悲鸿提携的绘画人才还有很多，被郭沫若誉为画界“南北二石”的“北石”齐白石也曾得到他的悉心关爱。

齐白石早年的作品一直无人问津，蛰居北平闭门习艺时，人家对他的东西更是不屑一顾。徐悲鸿却敏锐地觉察“衰年变法”之后的齐白石必将大放异彩。在为《齐白石画册》作序时徐悲鸿写道：“艺有正变，惟正者能知变，变者系正之变，非其始即变也。艺固运用无尽，而艺之方术，至变而止。……白石翁老矣，其道几矣，由正而变，茫无涯。”是人才就得大胆使用。徐悲鸿担任北平大学艺术学院院长期间，礼聘齐白石为教授。抗战胜利以后徐悲鸿任北平艺术专科学校校长，又聘齐白石为名誉教授。1949年中央美术学院成立，当时学校有人认为齐白石属于不上课的挂名教授，非议甚多，关键时刻，还是徐悲鸿，他站出来坚持继续聘齐白石为名誉教授，并且每个月都把工资亲自送到齐白石手里。如此关爱令齐白石终生难忘，他曾多次对人感叹:“生我者父母,知我者徐君也。”

日本学成归国后，徐悲鸿又邀请傅抱石到南京中央大学艺术系任教。抗战胜利后傅抱石回到南京继续执教于中央大学，与徐悲鸿举办绘画联展,而且两人毗邻而居,情谊深切。对傅抱石的绘画,徐悲鸿曾给予高度评价:“石涛既启示画家之独创精神，抱石更能以近代画上应用大块体积,分配画面。于是三百年来,谨小慎微之山水,实现其侏儒之态,而不敢僭位于庙堂……大千、君璧之外又现一巨星,非盛世将至之征乎?”一生能得一徐悲鸿式的师友,夫复何求!

第二人为金原省吾。在徐悲鸿的关怀下,傅抱石东渡扶桑,求学于帝国美术学校,师从著名美术史论家金原省吾攻读东方美术史。在此之前,年轻的傅抱石已经先后完成《国画源流概述》《中国绘画史变迁史纲》等绘画理论著作,对中国画的历史进行了细致深入的梳理与研究。金原省吾潜心研究中国绘画数十年,对中国画有独特的思考与认识。两人相见,虽不能用日语交流,只能“笔谈”,但傅抱石的谦逊、真诚很快赢得导师的好感与信赖,真有一种“一见如故”的亲切。“我的第一位弟子竟是个中国人,真是奇妙的缘分……他刻的印很有趣味,是否请他为我刻一方呢?”——初次见到傅抱石,金原省吾在日记中写道。当时“九一八”事变过去两年,侵华战争阴云密布,金原省吾摒弃民族偏见,欣然接纳这个飘零在外、刻苦求学的异国青年,学者的纯洁情怀令人敬仰。第一次见面也给傅抱石留下深刻印象,在后来为导师翻译出版的《唐宋之绘画》一书自序中，他饶有兴致地回忆道:“……阅数日,谒先生于帝国美术学校,呈拙著数种,藉以晋见。先生阅而欣然曰‘吾校以君为第一人可也’。旋荷题赠著述多种。”

此后两年间,随着交往的逐渐深入,两人已无话不谈,情如亲人。1935年5月,傅抱石为筹办首次书画篆刻展东奔西走时,金原省吾也为落实展览场地多次托人交涉、洽谈。当时特殊的政治背景下,一个中国人想在日本举办画展谈何容易!好在经过多方努力,展览终于顺利举行。正是通过这次展览，傅抱石向日本艺术界充分展示了中国绘画与篆刻艺术的独特魅力,特别是他的篆刻技惊四座，一时声名鹊起，为今后的艺术道路奠定坚实基础。

导师无微不至的关怀，傅抱石一直记在心底。回国后，傅抱石仍然与金原省吾鱼雁往还，字里行间洋溢着对昔日恩师的浓郁思念。中日战争爆发前夕，傅抱石在给老师的信中深情写道："可恨环境不允，如不然，我则仍在先生左右。今秋高气爽，遥想江户川畔，又该红枫满目，石之心境，仍然在先生所居之西林与荻洼之间徘徊。"读毕令人感叹唏嘘。求艺之路上有这样温厚如父的长者相伴指点，抛妻别子、飘零异国的傅抱石一定找到了家的感觉吧。

第三个人便是郭沫若。留日期间，傅抱石与郭沫若相识相交。傅抱石不俗的气质与才华让流亡异国的郭沫若精神一振，随后你来我往，渐渐成了无话不谈的朋友。那时，满腹经纶却难展救国之志的郭沫若，临窗嗟叹之时碰上这位聪颖好学豪爽洒脱的同胞，一定有相见恨晚之感吧？

前述傅抱石东京个人画展，郭沫若也曾给予大力支持。他为展出的画作题诗，写信托人为展览写评语，还亲自出席为展览而举行的招待会，并且专程参观展览。此后，两人作画题诗(题字)的特殊情谊延续了三十多年。抗战爆发后，郭沫若任职的国民政府军事委员会政治部第三厅团结了大批艺术家，傅抱石是其中之一。在郭沫若的关心下，傅抱石卜居重庆金刚坡，一面协助郭沫若处理行政事务，一面潜心绘画创作，雄奇秀丽的巴山蜀水在他笔下得到酣畅淋漓的表现。重庆八年，是傅抱石山水画艺术风格从逐步探索到最终形成的关键时期，"标志着他的绘画艺术进入一个高峰时期"。

傅抱石有很深的古典文化底子，喜欢以历史人物为题材创作人物画。重庆期间，郭沫若的话剧《屈原》公演之后，傅抱石激赏之余挥毫创作《屈子行吟图》，郭沫若欣然题诗，可以说联袂上演了一出"文艺抗战"大戏。对傅抱石勇于创新的艺术追求，郭沫若是肯定和赞赏的——"抱石作画别具风格，人物善能传神，山水独开生面。盖于旧法基础之上摄取新法，而能脱出窠臼，体现自然。"谁能说这些中肯的评价不是傅抱石创作不竭的精神动力呢？

傅抱石纪念馆

如果说以上三人是傅抱石现实生活中的良师益友，明末画家石涛便是他精神上的密友。石涛是一个创新意识极强的画家，敢于挑战传统，主张“借古以开今”“我用我法”，鉴于当时很多画家食古不化，曾感叹“古人未立法之先，不知古人法何法。古人既立法之后，便不容今人出古法。千百年来，遂令今人不能一出头地也。师古人之迹而不师古人之心，宜其不能一出头地也。冤哉！”其艺术思想直接诱导了傅抱石创作上的“求变”。早在青年时代，傅抱石就开始搜集石涛有关资料，对其人其艺作了大量考证，先后写作发表了《苦瓜和尚年表》《石涛年谱稿》《石涛丛考》《石涛再考》《石涛三考》《石涛生卒考》《石涛画论之研究》《大涤子题画诗跋校补》等论文与著作。在《石涛上人年谱序》中，傅抱石说，“余于石涛上人妙谛，可谓癖嗜甚深，无能自已。”可见他对这位三百年前画坛先贤的热爱与推崇。

二

傅抱石之所以在中国画创作上能别开生面，独领风骚，我想这与他早期打下的坚实的美术理论基础分不开。1925 年，尚在师范学校读书的傅抱石便完成《国画源流概述》一书，1926 年，写作《摹印学》，1931 年出版《中国绘画变迁史纲》。继往才能开来，傅抱石正是在潜心研究历代画家作品的基础上独辟蹊径，走出一条属于自己的艺术之路。不仅是美术史论，中国通史、古典文学……傅抱石均涉猎其中，潜移默化，并把它们作为山水画与人物画的素材，这些作品思想深刻、意境优美，充溢着浓厚的人文气息。这样的画作随便列举：《观海图》《巴山夜雨》《大涤草堂图》《丽人行》《虎溪三笑》《苏武牧羊》《琵琶行》《兰亭图》《九歌图册》……在谈到史学知识对绘画创作的滋养时，傅抱石坦陈："我比较富于史的癖嗜，通史固喜欢读，与我所学无关的专史也喜欢读，我对于美术史画史的研究，总不感觉疲倦，也许是这癖的作用，因此，我的画笔之大，往往保存着浓厚的史味。"正因为畅游浩瀚的中国传统文化之海，才有后来的激情迸发，才有纵横开阖、气韵生动的水墨图景在笔下一一呈现。

如果说丰厚的传统文化修养铸成大师腾飞的身躯，那么，细心体察自然和奔涌不息的爱与激情便是凌空翱翔的双翼。

重庆时期是傅抱石艺术道路上的重要转折点，此前，他的画风尚未完全从传统旧法中脱胎，而且也不是以山水画为主要创作体裁，定居重庆金刚坡后，其画风大变，形成雄浑、厚重、洒脱、豪放的风格，迎来创作黄金期。

跟随郭沫若从武汉迁居重庆后，由于战火尚未殃及这里，傅抱石得以暂时安顿下来，获得一个相对稳定的创作时间与空间。金刚坡是典型的四川山区，重峦叠嶂中藏着几处稀疏村落，溪流、竹林和树丛遍布其间，还有深藏在山间的僻静古寺。群山环抱的农舍，夜间犬吠破空入耳，夏天一到，常常山岚弥漫，一片迷茫。这种虚实相生，神秘奇伟的景象深深吸引着傅抱石的目光。雄奇的巴山蜀水的陶冶下，傅抱石对苍茫滋润、变化多端的山水有了细腻而深刻的感受与领悟，并生发对自然的强烈的爱。回忆那段生活时，傅抱石说："以金刚坡为中心周围数十里是我常跑的地方，确是好景说不尽。一草一木，一丘一壑，随处都是画人的粉本。烟笼雾锁，苍茫雄奇，这境界是沉湎于东南的人胸中所没有、所不敢有的。"对于傅抱石观察自然的专注，傅小石、傅二石在《回忆点滴》写道："在那个季节，他常常站在家门口观看四周烟云的变化。若遇山雨欲来、风起云涌之时，父亲就会停下正在做的事，在轰鸣的雷声中奔到附近较高的地方，凝视那滚滚翻腾的乌云，时隐时现的山峰和在狂风中乱舞的树丛。直到暴雨来临，才穿着湿漉漉的衣裳回到家里。”

新中国成立十周年之际，绘制巨幅国画成为一项政治任务，特殊的机遇成了引燃画家创作灵感的导火线。傅抱石与关山月，两位风格迥异的画家联袂出手，夜以继日，挥舞画笔，历时四个月，终于赶在国庆之前完成了现代绘画史上气势如虹的交响乐章《江山如此多娇》。我想，那一刻，傅抱石握着画笔的右手，许是久久定格于长城和红日前，心潮起伏宛如奔腾不息的大河吧？关于这次作画，傅抱石后来写道：“我们力求在画面上，把关山月的细致柔和的岭南风格，和我的奔放、深厚融为一体，而又各具特色，必须画得笔墨淋漓，气势磅礴，绝不能有一点纤弱无力的表现。”（《北京作画记》）抱石个性中的豪爽因子裹挟阵阵墨香，透过大气磅礴、苍茫雄浑的画面跃入观者眼帘。在洁白的宣纸上落墨，柔软的笔锋演化出万千气象，黑白博弈之间暗藏的玄机波涛汹涌。那些深蕴画家才情、禀赋的线条与色块，仿佛一道道漩涡，将观者吸入其中，陶醉于尺幅山水之间。

读傅抱石的画，总能感觉一股浩荡之气扑面而来，激情暗涌外化成淋漓水墨，这与画家胸中时刻翻卷、激荡的对自然的大爱，对人间的大爱是紧密相连，须臾相通的。从浩如烟海的绘画典籍中汲取养分，继承古人章法却并不拘泥窠臼，加上对真山真水的长期体察，真可谓“胸中有丘壑”，下笔自然奔放自如。

对自然山水，傅抱石在物我两忘的境界中汲取创作养料；现实生活中，傅抱石是一个感情细腻的父亲和丈夫。

“母亲是父亲心里的第一人，只要一出门，就开始给母亲写信……在与江苏画家作两万三千里旅行写生时，也是日日或隔日写信。当时同去的年轻画家中有一新婚者，也只写了十来封，父亲却写了三四十封，让同行者唏嘘不已。他们之间好像有说不完的话。我记得父亲住在楼上，母亲住在楼